淸陰集

국립중앙도서관 출판예정도서목록(CIP)

청음집 : 대쪽처럼 곧게 살다 / 김상헌 지음 ; 정선용 옮김.
--서울 : 한국고전번역원, 2016
p. ; cm. -- (한국고전선집)

감수: 조경구
한자를 한글로 번역
연보수록
교육부로부터 인문학 진흥을 위한 저서출판지원을 받아 출간하였음
ISBN 978-89-284-0411-7 04080 : ₩12000
ISBN 978-89-284-0187-1 (세트) 04080

한문 문집[漢文文集]

810.819-KDC6
895.708-DDC23 CIP2016020219

청음집

김상헌 지음
정선용 옮김

한국고전번역원

한국고전선집을 펴내며

근대화, 산업화를 거치면서 멀어졌던 우리 고전이 근래에 들어 새롭게 독자들의 관심을 끌고 있습니다. 더 이상 우리의 것이기에 알아야 한다고, 우리 고전이기에 읽어야 한다고 강변하지 않아도 될 만큼 인식이 많이 변하였습니다.

그러나 우리 고전에 다가서기는 여전히 어렵습니다. 일단 지금은 쓰지 않는 한문이라는 장벽이 앞을 가로막습니다. 망망대해와 같은 방대한 양도 독자들의 선택을 방해하고 주눅이 들게 합니다.

선집은 그러한 장벽을 넘기 위한 사다리입니다. 광활한 바다에서 배를 인도해 줄 등대와 나침반이기도 합니다. 한 점의 고기만 먹어 보아도 그 솥 전체의 음식 맛이 어떤지를 알 수 있다는 말처럼, 잘 만들어진 번역 선집은 그 저자와 작품을 이해하는 훌륭한 길라잡이가 될 것입니다.

'한국고전선집' 시리즈는 저자의 방대한 저작 가운데 역사적, 현대적으로 의의가 있는 작품을 골라 그 인물의 삶과 사유의 흐름을 따라가거나 주제별로 분류해 엮은 고전 선집입니다. 학계의 연구 성과를 반영한 상세한 해설과 정확한 번역, 전문가의 감수를 거친 신뢰도 높은 판본으로서 청소년부터 일반 교양인에 이르기까지 누구나 쉽게 읽을 수 있습니다. 또한 사상, 철학, 문학, 과학, 역사 등 서종을 폭넓게 아우름으로써 독자들의 인성 함양과 통합적인 사고 형성에 기여하는 바가 클 것입니다.

한국고전번역원은 전신인 민족문화추진회 이래로 지난 수십 년 동안 한문으로 쓰인 수많은 우리 고전을 정리, 번역해 왔습니다. 학계는 물론이고 일반인에게도 많은 도움이 되었다는 것은 자타가 공인하고 있습니다. 한국고전번역원이 번역한 조선왕조실록이 한류의 원천이 된 드라마, 영화 등에 다양한 상상력을 제공한 것은 널리 알려진 사례입니다.

한국고전번역원이 기획하여 펴내는 '한국고전선집'에는 이런 경험과 전문성이 오롯이 담겨 있습니다. 오랜 경력을 지닌 국내 최고 수준의 전문가들이 선집 번역의 품질을 관리하여 가장 정확하고 유익한 책을 만들 것입니다.

고전은 언제나 우리 곁에 있었습니다. 먼지를 뒤집어쓰지도 않았고, 서고 속에 갇혀 있지도 않았습니다. 아무리 밝고 아름다운 달도 고개를 들어 쳐다보지 않으면 그 존재를 알 수 없듯이, 우리 곁에 있는 고전도 돌아보지 않으면 그 가치를 알 수 없습니다. 이 선집 시리즈가 여러분이 고전으로 돌린 시선을 계속 사로잡을 수 있으면 좋겠습니다.

한국고전선집 기획위원

| 차례 |

한국고전선집을 펴내며 4
김상현은 누구인가 15

제1장
땅끝으로 떠돌다

길가에 있는 무덤 27
홍도와 벽도 28
가을날의 회포 29
객지에서 가을을 맞다 31
이성에서 서울로 돌아가는 사람을 전송하다 33
제주도로 부임하던 도중 비를 만나 공주에 머물다 34
여산으로 가는 도중에 읊다 36
해남의 객관에서 순풍을 기다리다 38
정의현 객사에서 40
제주에 있는 충암의 사당에 올린 제문 42
도산초당의 밤비 45

길을 가는 도중에 날씨가 갠 것을 기뻐하다 47
아침에 늦게 일어나다 49
정양사에서 비를 만나 묵다 51
홍원의 객사에서 53
마천령을 넘어서 임명역에서 묵다 55
사월이 되어서야 꾀꼬리 우는 소리를 듣다 57
축석령에서 도봉산을 바라보다 58
선죽교에서 느낌이 있어 읊다 59

제2장

석실로 돌아가다

호당에서 비가 온 뒤에 짓다 65
유학의 정통을 지키다 67
봄이 다 지나가다 72
월정 선생을 곡하다 74
고향에 돌아가고파 78

제3장

다시 조정으로 나아가다

북저 김 판서에게 답하는 편지 85
사간원에 있으면서 여덟 가지 조짐에 대해 올린 차자 89
구원병을 보내 달라고 중국에 요청한 글 93

제4장

문명文名을 드날리다

신안에서 만난 보졸의 노래 103
선사포에서 106
바다 신에게 제사하는 글 108
장산도에서 사흘 동안 바람에 막혀 머무르다 112
등주에서 국화를 보고 느낌이 있어서 113
등주에서 한밤중에 앉아 있다가
딱따기 치는 소리를 듣다 115
중국 사람 오청천의 시에 차운하다 117
청천 오대빈에게 화답하다 119
안평중이 살았던 옛 마을을 지나며 122

제남을 떠나면서 124
북경에 들어가다 126
옥하관에서 128
섣달 그믐날 밤의 나그네 회포 130
한식 132
청명 133

제5장

나랏일에 온 마음을 다하다

강홍립의 관작을 회복시키지 말라고 청한 계사 139
중국의 물화를 오랑캐에게 주지 말기를 청한 차자 141
은계역에서 144
어디에 있을 때 술을 잊지 못할까 145
청평산으로 들어가다 147
청평산 골짜기를 나오다 148
청나라의 침입에 대비하기를 청한 차자 150
청백리의 선발에서 빼 주기를 청한 상소 154
전원으로 돌아가다 157
여강에서 상주로 부임하는 동생 중정과 이별하면서 159

제6장

국서國書를 찢고 통곡하다

남한산성에서 있었던 일 -「연보」의 기록 165

나의 큰형님 우의정 선원 선생의 행장 181

술에 취해 부르는 노래 186

행년 188

자신에 대해 해명하다 190

밤중에 일어나 홀로 걷다 193

제7장

대절大節을 빛내다

명나라를 치기 위한 군대를 파견하지 말기를 청한 상소 199

수재 김희진에게 주다 206

인조가 서찰과 가죽옷을
보내준 데 대해 사은하는 상소 208

손자 수증 형제에게 부치는 편지 211

압록강을 건너면서 학곡 홍서봉에게 남겨 주다 213

섣달 그믐날 밤을 새우면서 215

제8장

감옥에서 고초를 겪다

한밤중에 일어나 앉아 짓다 221

봄에게 묻다 222

어린아이들이 물을 긷는 것을 슬퍼하다 224

등불 앞에서 225

한밤중에 일어나 앉아 읊다 226

의주로 돌아오다 227

의주에 도착하여 연명으로 올린 상소 229

의주에서 생일을 맞아 읊다 232

압록강에서 작별하면서 읊다 233

감회를 읊다 235

명나라가 망한 것을 슬퍼하다 237

맹영광에게 남겨 주다 239

표정준에게 지어 주다 241

제9장

정적政敵과 화해하다

시를 통해 대화하다 247
즐거웠던 때를 회상하다 252
상대방을 이해하다 254
서로 자신의 뜻을 말하다 258
경도와 권도를 논하다 263

제10장

대로大老로 존숭받다

고국으로 돌아와 성문 밖에 머물러 있으면서 올린 상소 271
사정을 진술하는 상소 273
한밤중에 일어나 읊다 277
송시열에게 보낸 편지 278
임금이 의원과 약물을 내려 준 것에 대해 사례하다 280
죽은 뒤에 올린 상소 281
자손에게 남긴 유언 284
청음 자신이 지은 묘지명 286

제11장

별이 되어 빛나다

청음에 대한 사신史臣의 논평 ……… 293

우암 송시열이 지은 만사 ……… 295

잠곡潛谷 김육金堉이 올린 제문 ……… 297

우암 송시열이 지은 청음의 묘지명 ……… 301

북관행 ……… 305

효종 대왕의 묘정에 배향하면서 내린 교서 ……… 307

영조가 현절사顯節祠에 치제하면서 내린 제문 ……… 309

정조正祖가 지은 청음에 대한 제문 ……… 311

연보 ……… 315

김상헌은 누구인가

우리 역사를 보면 시대마다 뚜렷한 족적을 남겨 후인들로부터 칭송을 받는 인물들이 있다. 정치적으로 큰 업적을 남긴 명재상이 있고, 학문적으로 큰 성과를 남긴 대학자가 있으며, 문학 방면에서 뛰어난 작품을 남긴 대문호도 있다. 이들 대부분은 나라가 태평할 때에 큰 성과를 거두어 이름을 남겼다.

이들보다 더 큰 이름을 남긴 사람들도 있다. 외적의 침입으로 나라가 백척간두의 위기에 처했을 때 외적을 물리쳐 나라를 보존한 고구려의 을지문덕과 양만춘, 신라의 김유신, 고려의 강감찬과 윤관, 임진왜란 때의 이순신과 권율 등이 그런 사람들이다.

그런데 반드시 외적과 싸워 이겼을 때만 역사에 큰 이름을 남기는 것은 아니다. 외적이 침입했을 때나 새로운 왕조가 들어설 때 자신의 절개를 굽히지 않고 죽음을 무릅쓰고 저항함으로써 역사에 이름을 남긴 인물들이 있다. 백제의 성충과 계백, 고려 말기의 정몽주와 길재 등이 그런 사람들이다.

인조仁祖 14년1636에 병자호란이 일어났다. 임진왜란이 끝난 지 40년도 채 안 되어 일어난 이 전쟁에서 조선은 월등하게 강한 군사력을 가진 청나라 군대의 공세에 두 달도 버티지 못하고 패배했다.

이 패배로 인조는 청나라 태종 앞에 나아가 굴욕적인 맹약盟約을 맺고 신하가 되었다. 이 시기에 절의節義를 지켜 후인들에게 존경과 흠모를 받은 인물이 바로 청음淸陰 김상헌金尙憲 1570~1652 이다.

조선 후기 학자 이덕무李德懋는 우리나라에서 제일가는 인물을 들면서 덕德으로는 퇴계退溪 이황李滉, 전략戰略으로는 충무공 이순신, 절의로는 청음 김상헌을 꼽았다. 청음은 어떠한 삶을 살고 어떻게 절의를 지켰기에 후인들에게 이처럼 존경과 흠모를 받았던 것일까?

인조 15년 1637 1월 18일, 인조가 머물고 있는 남한산성은 청나라군에 완전히 포위되어 있었다. 청나라 군사들은 남한산성 아래 진을 치고 군의 위용을 과시하며 압박을 가하였다. 인조는 청나라에 항복할 뜻을 굳히고 신하들에게 항서降書를 짓게 하였다. 화친론을 적극적으로 주장하던 최명길崔鳴吉이 항서를 지었는데, 그 글에는 청나라 황제에게 살려 달라고 애걸하는 내용이 많이 들어 있었다. 청음은 항서를 반도 채 읽기 전에 격분을 이기지 못하고 통곡하면서 항서를 찢어 버리고는 최명길을 꾸짖었다.

"공은 여러 대에 걸친 명문가의 자손으로서 어찌 차마 이런 짓을 한단 말이오? 나중에 황천에 가서 선친을 무슨 면목으로 보려고 이러시오? 오늘의 이 일은 공이 전적으로 책임져야 할 것이오."

그리고 곧바로 인조에게 면대를 요청하였다. 인조를 만난 청음은 분기가 가슴에 가득 차올라 눈물을 줄줄 흘리며 말을 제대로 하지 못하였다. 한참 동안을 울먹이던 청음은 마음을 가라앉히고 아뢰었다.

"우리 조선이 나라를 세운 것은 명분과 의리가 정대합니다. 지금 만약 머리를 숙이고 오랑캐의 신하가 되어 명령하는 대로 따르기만 한다면 그들이 장차 무슨 짓인들 못 하겠습니까?"

인조는 얼굴을 붉히며 아무런 말도 하지 않았다. 청음의 간곡한 요청에도 불구하고 인조는 며칠 뒤 청나라에 항복하였다. 청음은 수치를 견디지 못하여 자결하고자 스스로 목을 매었으나, 다른 사람에게 발견되어 목숨을 건졌다.

이후 청음은 낙향하여 풍산豐山의 학가산鶴駕山 아래에서 시골 사람처럼 살아가고 있었다. 그러던 어느 날 명나라를 치는 것을 도우라는 청나라의 요청에 따라 조선에서 군사를 파견하기로 하였다는 소식을 들었다. 이 소식을 들은 청음은 죽음을 각오하고 상소를 올려 군사를 파견하지 말라고 아뢰었다.

청나라는 청음이 파병을 적극 반대하는 상소를 올렸다는 것을 알고는 인조에게 그를 잡아 보내라고 하였다. 그러자 인조는 청음에게 글을 내려 의주義州로 가라고 명하였다. 청음은 이 명을 듣고 곧바로 사당에 나아가 마지막 인사를 올린 다음, 의주를 향해 출발하였다.

청음이 의주에 도착하자 청나라 장수 용골대龍骨大가 청음을 불러 심문하였다. 청음은 조금도 두려워하는 기색 없이 용골대 앞에 마련된 자리에 비스듬히 기대어 누웠다. 용골대가 물었다.

"지난 정축년1637에 너희 국왕이 남한산성에서 내려올 때, 너 혼자만 청나라를 섬길 수 없다며 성에 남았다고 들었는데, 어찌 된 일인가?"

"나라고 해서 어찌 우리 임금을 따라 내려가고 싶지 않았겠는가? 늙고 병이 들어서 따라가지 못했을 뿐이다."

"정축년 이후로 제수된 관직을 한 번도 받지 않았을 뿐만 아니라 임금이 내린 교지를 도로 돌려보내기까지 하였다는데, 이것은 또 어찌 된 일인가?"

"나라에서는 늙고 병들었다는 이유로 애당초 나에게 관직을 제수하지도 않았다. 그러니 어찌 교지를 도로 돌려보낸 일이 있었겠는가?"

"군사를 파견해 우리를 도우라고 하였을 때 어찌하여 상소를 올려 저지하였는가?"

"나는 나의 뜻을 지켜 나의 임금에게 고했으나 나라에서는 나의 의견을 받아들이지 않았다. 그런데 어째서 이런 일을 다른 나라에서 기어이 알려고 한단 말인가?"

"두 나라가 이미 한집안이 되었는데 어찌하여 다른 나라라고 하는가?"

"양국에는 각각 국경이 있는데, 어찌 다른 나라가 아니겠는가?"

용골대의 물음에 또박또박 답하는 청음을 보고는 오랑캐들이 탄복하면서 말하였다.

"조선 사람들은 모두 말을 할 때마다 겁을 집어먹고는 우리들의 비위를 맞추려고만 하는데 이 사람은 아주 거침없이 대답한다. 참 다루기 어려운 늙은이다."

의주에서 신문을 받은 청음은 심양瀋陽으로 끌려가 사형수를 가두는 옥에 구금되었다. 어느 날 용골대가 청음과 최명길 두 사람을 옥에서 끌어내어 소현세자가 머물러 있는 곳으로 끌고 갔다. 그리고 두 사람의 수갑을 풀어 주면서 마치 큰 은혜라도 베푸는 양 말하였다.

"이번에 우리 황제께서 크게 은전을 베풀어 특별히 너희들을 석방해 세자가 머무는 관소館所와 가까운 곳에서 지내게 하였다. 그러니 너희들은 우리 황제의 은혜에 감사하는 절을 올려라."

그 말을 듣자마자 최명길은 청음의 팔을 잡아끌면서 함께 절을 하자고 재촉하였다. 그러나 청음은 끝까지 절을 하지 않으면서 말하였다.

"나는 허리가 아파서 절을 할 수가 없소이다. 그대나 혼자 절을 하시오."

그러자 청나라 사람들이 "이 노인의 기개가 참으로 대단하다." 하면서 매우 공경하는 태도를 보였다.

청음은 심양의 감옥에서 청나라의 갖은 위협을 받으면서도 절개를 굽히지 않다가 6년 뒤에야 풀려나 귀국하였다. 고국으로 돌아온 청음은 친청파親淸派가 장악한 조정에서 벼슬살이 할 마음이 없어 양주楊州의 석실石室로 가서 머물렀다.

인조가 죽고 효종이 즉위한 뒤에 청음은 좌의정에 제수되었다. 효종은 북벌 정책을 추진하면서 청음을 나라의 큰 원로로 예우하고 북벌 정책을 추진하는 중추적 존재로 여겼다. 청음은 죽음이 임박하자 북벌 정책을 견지하라는 내용의 유소遺疏를 올렸다.

청음이 죽은 뒤 그의 정신은 송시열宋時烈을 비롯한 반청파反淸派에게 계승되어 효종조에 북벌 정책을 추진하는 사상적 기반이 되었다. 효종이 승하하고 북벌 정책이 좌절된 뒤에도 이 정신은 조선 사대부들의 가슴속에 남아 선비 정신의 표상이 되었다.

제1장

땅끝으로 떠돌다

제1장 땅끝으로 떠돌다

청음은 선조宣祖 3년1570에 지금의 청와대 옆 궁정동에 있던 외할아버지 정유길鄭惟吉의 집에서 태어났다. 청음은 보통 사람들과는 달리 열두 달 만에 태어났다. 예로부터 뛰어난 업적을 남긴 위인들 가운데에는 오랫동안 어머니의 배 속에 있다가 태어나는 경우가 종종 있었으므로, 사람들은 청음이 큰 인물이 될 것이라고 여겼다.

청음의 본관은 안동安東이며, 생부는 김극효金克孝이고, 양부는 김대효金大孝이다. 김극효는 크게 유명한 사람이 아니었으나 청음의 어머니 동래 정씨東萊鄭氏의 집안은 당대의 명문가였다. 청음의 외고조인 정광필鄭光弼은 중종 때 영의정을 지냈으며, 외할아버지 정유길은 선조 때 좌의정을 지냈다.

청음은 다섯 형제 가운데 넷째였는데, 어린 시절부터 그의 곧은 성품을 볼 수 있었다. 위로 세 형이 평소 아버지를 모시고 담소를 나눌 적에 아주 편안한 자세로 앉아서 웃고 떠들면서 농담을 하곤 했는데, 그때마다 청음은 정색을 하고 형들에게 그렇게 하지 말라고 하였다 한다. 그래서 형들은 아버지를 모시고 편안한 자세로 농담하고 있다가도 멀리서 청음이 오는 것을 보면 모두 자세를 바르게 하고 엄숙한 모습으로 아버지를 대하였다고 한다.

청음은 16세 때 월정月汀 윤근수尹根壽에게 나아가 학문을 익혔으나 23세 때 임진왜란을 만나 여러 곳을 떠돌면서 피난을 하게 된다. 그러다 전란이 그치고 나라가 조금 안정되자 과거를 통해 벼슬길에 나간다.

청음이 벼슬길에 나간 다음 해에 제주도에서 역모 사건이 일어나 민심이 흉흉하였다. 조정에서는 청음을 제주도 안무어사按撫御史로 파견해 민심을 안정시키도록 하였다. 청음은 6개월 동안 제주도를 다스리면서 민심을 안정시키고 조정으로 돌아왔다.

조정으로 돌아온 청음은 당시 조정의 실권을 잡고 있던 북인北人 세력, 특히 최고의 실세였던 유영경柳永慶에게 배척을 받았다. 이는 일찍이 유영경이 대사헌大司憲에 제수되었을 때 청음이 그의 좋지 못한 행실을 논하여 그가 대사헌에 제수되는 것을 막은 데서 비롯된 일이었다. 유영경과의 알력으로 인해 청음은 변방 지역인 함경도의 지방관인 고산도 찰방高山道察訪과 경성도호부 판관鏡城都護府判官에 잇달아 제수되었으며, 함경도에서 돌아온 뒤에도 또다시 지방관으로 쫓겨났다.

길가에 있는 무덤
路傍塚

길가에 홀로 있는 외로운 무덤	路傍一孤塚
그 자손들 지금 모두 어디 있는가	子孫今何處
오직 한 쌍 돌사람만 그 앞에 서서	唯有雙石人
오랜 세월 안 떠나고 지키고 있네	長年守不去

청음이 언제 이 시를 지었는지는 분명치 않지만, 저작 연대순으로 편찬된 『청음집』의 맨 앞에 수록되어 있고 시의 구성이 아주 단순한 것으로 볼 때, 어린 시절에 지은 것으로 추정된다. 길을 가던 중에 아무도 돌보지 않는 무덤을 보고서 느낀 심정을 군더더기 없이 간결하게 표현하였다. 이 시를 본 사람들은, 청음이 장차 뛰어난 문장가가 될 것을 예견했다고 한다.

홍도와 벽도

紅碧兩桃

하얀 꽃이 피었다가 다시 붉은 꽃	一白復一紅
산골 집에 번갈아서 꽃이 피누나	交開山院中
사람들이 안 보아도 개의치 않고	不嫌人不見
봄바람에 자신의 몸 내맡기누나	猶自託春風

『청음집』에 두 번째로 수록된 시이다. 정확한 저작 연대는 알 수 없지만, 이 시 역시 어린 시절에 지은 것으로 추정된다. 봄날 저 스스로 피고 지는 복사꽃을 보고 느낀 심정을 간결하게 표현한 이 시 또한 후세의 평자들에게 호평을 받았다.

가을날의 회포

秋懷

타향에서 한 해 이제 저물어 가니	異鄕時景晩
오래 떠돈 나그네 맘 절로 상하네	久客自傷心
병든 잎은 바람 맞아 낙엽이 되고	病葉迎風下
짙은 구름 해 가린 채 잠기어 있네	陰雲翳日沈
새 돌아간 산은 점점 어둑해지고	鳥歸山欲暝
벌레 우는 밤은 더욱 깊어만 가네	蟲語夜將深
서글픈 맘 드는 중에 생각 끝없어	惆悵無窮意
삼성[*] 비낀 깊은 밤에 홀로 시 읊네	參橫費獨吟

청음은 임진왜란 중에 이곳저곳을 떠돌다가 충청도 서산瑞山으로 내려가 있었는데, 이곳에서 맏아들 종경宗慶이 요절하는 슬픔을 겪는다. 이후 평안도 자산 군수慈山郡守로 있는 아버지를 따라 자산에 머물렀는데, 이 시는 이때 지은 것으로 추정된다.

* 삼성參星 : 하늘 서쪽에 뜨는 별자리이다. 깊은 밤에 비스듬하게 뜨기 때문에 흔히 깊은 밤을 표현하는 말로 쓰인다.

이 시에는 객지에서 가을을 맞은 청음의 쓸쓸한 심정이 고스란히 드러나 있다. 가을이 오면 고향에서 평안한 삶을 사는 사람도 쓸쓸한 마음이 드니, 객지를 떠돌며 고생하고 있는 사람은 더욱더 그러할 것이다. 새벽까지 잠 못 이루다 시를 읊는 청음의 쓸쓸한 모습이 그려진다.

객지에서 가을을 맞다

次舍弟仲靜韻

교목 위엔 찬 바람 소리 끊겼고	喬木寒聲盡
처마 끝엔 새들 우는 소리 슬프네	窮簷鳥語悲
가을바람 기러기의 등 위에 불고	高風吹雁背
지는 해는 거미줄서 빛 반짝이네	薄日閃蛛絲
저 현안*은 공연스레 병이 많았고	玄晏空多病
도공*은 또 괜히 시간 아까워했네	陶公漫惜時
강해 밖을 떠돌자니 마음 처량해	凄凉江海外
수심 속에 가을 전송하는 시 읊네	愁賦送秋詩

임진왜란을 만나 객지를 떠돌던 중에 지은 것으로 추정되는 이 시는 동생 김상복金尙宓 ?~1652 의 시에서 차운한 작품이다. 청음의 형

* 현안玄晏 : 진晉나라 황보밀皇甫謐의 호이다. 황보밀은 고요하고 욕심이 적어 벼슬하지 않고 은거했는데, 병을 앓아 반신불수 지경이 되어서도 손에서 책을 놓지 않았다고 한다.
* 도공陶公 : 진晉나라의 은자 도잠陶潛을 가리킨다. 도잠의 「자제문自祭文」에 "아무것도 이루어 놓은 것이 없으니, 흘러가는 세월이 애석하구나.懼彼無成 愒日惜時"라고 하였다.

제는 모두 다섯이었는데, 맏이가 김상용金尙容, 둘째가 김상관金尙寬, 셋째가 김상건金尙謇, 넷째가 청음, 막내가 김상복이다.

어느 늦가을 저녁 무렵에 지는 해를 바라보며 서 있노라니, 학문에는 진전이 없는데 세월만 덧없이 흘러가는 것 같아 안타까운 마음이 든다. 전란이 일어나지 않았다면 스승을 모시고 학문에 매진하고 있었을 텐데 그러지 못하고 객지를 떠돌고 있으니 마음이 처량하다.

이성에서 서울로 돌아가는 사람을 전송하다
泥城送人歸洛

먼 포구엔 아스라이 나무숲 있고	極浦微茫樹
외론 마을 자욱하게 연기 끼었네	孤村黯黮煙
가는 사람 서울 향해 떠나가는데	人從京國去
푸른 산은 북쪽 변방 잇닿았구나	山與大荒連
방초 자라 길 가는 말 투레질하고	芳草驕征馬
고향 생각 저녁 솔개 따라가누나	歸心趁暮鳶
석양 속에 한스런 맘 끝이 없어서	斜陽無限恨
들녘에서 다리 옆에 홀로 서 있네	獨立野橋邊

청음이 25세 때인 선조 27년 1594 에 지은 작품이다. 이성泥城은 창성昌城의 옛 이름으로, 청음이 아버지를 따라가 머물던 평안도 자산에서 얼마 떨어지지 않은 곳이다. 자산에서 함께 지내다 서울로 돌아가는 사람을 이성까지 가서 전송한 뒤에 지은 시이다. 이성의 주위 풍경이 한 폭의 그림처럼 펼쳐지는 가운데 홀로 남아 있는 청음의 모습이 겹쳐지면서 고향을 그리는 쓸쓸한 심정이 잘 전해지고 있다.

제주도로 부임하던 도중 비를 만나 공주에 머물다

出使耽羅 雨留公山

잠시 동안 역참에서 여장을 풀고　暫稅郵亭駕
애오라지 설핏 잠이 들어 보누나　聊聞燕寢香
나그네의 회포 온통 적막한 중에　羈懷俱寂寞
객고 탓에 귀밑털이 세어 버렸네　旅鬢各滄浪
비바람 속 가을 풍경 깊어 가는데　風雨秋容晚
구름 노을 낀 바닷길 길고도 기네　雲霞海路長
만날 날을 미리 점칠 수가 없기에　前期不可卜
이별 슬픔 다시금 또 아득하구나　離思更茫茫

청음이 벼슬길에 나간 다음 해인 선조 34년 1601 에 제주도에서 역모 사건이 일어났다. 이 사건으로 인해 제주도는 반역의 고장 叛逆鄕이라고 지목되었다. 사건에 연루되어 죽은 제주도 사람이 많다 보니 민심이 흉흉하여 제대로 다스릴 수가 없었다. 그러자 조정에서는 청렴하다는 명망을 얻은 청음을 제주도 안무 어사로 파견해 임금의 말씀을 전하고 제주도 사람들의 마음을 위로하게 하였다.

흉흉한 민심을 달래고 그들의 고통을 해결해 주는 막중한 임무를 수행하는 것은 쉽지 않은 일이었다. 게다가 조각배로 넓은 남해 바다를 건너 제주도로 가는 길은 몹시 위험했다.

청음은 어사로 뽑히자 제주도에서 시행해야 할 여러 가지 조치를 미리 조사한 다음, 임금의 교서敎書를 받들고 8월 13일에 서울에서 출발하였다. 그리고 과천과 수원을 거쳐 집안 형님인 김상준金尙寯이 목사로 있는 공주로 갔다.

공주에 도착했을 때 마침 비가 쏟아져 길을 갈 수 없게 되자, 청음은 며칠 동안 공주에 머물며 형님과 회포를 풀었다. 얼마 만에 만난 형님인가? 이제 마흔 줄에 접어든 열 살 위의 형님은 벌써 머리가 희끗희끗해졌다. 오래도록 머물며 형님과 함께하고 싶지만, 임금의 명을 받았으니 어서 제주도로 길을 떠나야 한다. 지금 헤어지면 언제 다시 만날 수 있으려나? 이별 슬픔에 마음이 아득해진다.

여산으로 가는 도중에 읊다

礪山道中

나그네 길 가을바람 밤낮없이 불어오니　　客路西風日夜吹
시냇가의 가을 뜻을 국화가 먼저 아네　　澗邊秋意菊先知
나그네는 몸이 더욱 지치는 걸 느끼는데　　行人轉覺形骸倦
주위 풍광 너도나도 계절 변화 재촉하네　　物色全催歲序移
땅 멀어서 돌아갈 맘 북쪽 끝에 걸렸는데　　地遠歸心懸北極
높은 하늘 저 멀리로 남쪽 끝이 보이누나　　天高遐矚際南維
큰 뜻 세운 대장부는 고생 겪게 되어 있어　　男兒壯節須勤苦
나랏일로 길 가면서 이별 원망 아니 하네　　不向王程怨別離

공주에서 형님과 헤어져 전라도 강진으로 향하던 청음은 여산을 지나가게 되었다. 추석이 며칠 지난 뒤라 주위 풍경은 점차 가을빛으로 물들어 갔다. 한양 쪽을 바라보니 부모님의 모습이 떠올랐고, 제주도 쪽을 바라보니 갈 길이 아득하였다. 그러나 사내대장부가 온 천하를 두루 다니겠다는 장대한 뜻을 펴다 보면 고생은 따르게 마련이다. 더구나 개인적인 일이 아닌, 나랏일로 떠나는 길이 아닌가? 청음은 바다를 건너가는 험한 여정을 앞에 두고 왕명을 잘 받들어 임무를 수행하겠다는 다짐을 한다.

해남의 객관에서 순풍을 기다리다

海南館候風

길쭉한 대 이어진 산 푸른 숲을 이루니	脩竹連山翠作林
옅은 구름 찬 그림자 빽빽하게 둘러싸네	消雲寒影擁森森
남쪽 오자 가을 흥취 집집마다 좋다마다	南來秋興家家好
바닷가의 풍광이야 날마다 더 짙어지네	海上風光日日陰
밤비 속에 홀로 꾸는 천 리 밖의 꿈에다가	夜雨獨成千里夢
외로운 등 마주 대한 오경 녘의 마음이네	孤燈相對五更心
멀리서도 알겠네. 고향서 옷 지으려	遙知故國縫裳處
서리 아래 겨울옷 다듬이질 하리란 걸	霜下寒衣手自砧

땅 끝나는 남쪽 지방 바닷가에 왔거니와	地盡南垠到海頭
집 떠난 지 몇 달인가, 가을이 또 지나가네	離家幾月又經秋
꾸린 행장 점검함은 내 일생의 계획이요	行裝點撿終年計
시구 지어 삭이는 건 온 종일의 시름이네	詩句消磨竟日愁
고향 편지 기러 편에 부칠 수가 없다 보니	鄉信未能憑塞雁
항해 일정 애오라지 갈매기를 향해 묻네	帆程聊欲問沙鷗
아침나절 날씨 맑아 푸른 바다 저쪽 보니	朝晴試望滄溟外

구름 기운 희미한 곳 예가 바로 제주라네 雲氣依微是濟州

청음은 충청도와 전라도를 거쳐 1601년 8월 29일에 강진에 도착하였다. 서울을 떠나온 지 보름 만이었다. 그러나 날씨가 좋지 않아 곧바로 배를 탈 수가 없었다. 강진에서 열흘 남짓 머문 청음은 9월 10일에 해남에서 제주도로 가는 배편이 있다는 소식을 듣고 다시 해남으로 갔다. 그러나 해남에 도착해서도 바람이 거세게 불어 곧바로 배를 탈 수가 없었다. 며칠 동안 순풍이 불기를 기다리던 청음은 고향 생각과 앞일에 대한 걱정으로 잠을 이룰 수 없어서 두보의 「추흥秋興」 시에서 차운하여 시를 읊었다. 「추흥」 시는 모두 여덟 수로 이루어져 있는데, 청음 역시 여덟 수를 연이어 읊었다. 위의 시는 그 가운데 첫째와 둘째 수이다.

정의현 객사에서
旌義縣客舍

옛적에는 영주라고 불리던 이곳	舊號瀛洲地
오늘날엔 작은 해동이라 칭하네	今稱小海東
신령님은 어느 대에 내려왔는가	神從何代降
교화 펴져 성인 시대 풍습과 같네	風入聖朝同
오랜 세월 겪은 성은 황폐해졌고	閱世荒城古
하늘 닿은 바닷물은 텅 비었구나	浮天積水空
객이 오고 차가운 해 저물 무렵에	客來寒日暮
외론 피리 바다 안개 속에 울리네	孤角瘴煙中

해남에서 열흘 남짓 머문 청음은 1601년 9월 21일에야 배에 오를 수 있었다. 서울을 떠나온 지 30여 일 만에 비로소 배에 오른 것이다. 거센 파도 속에서 여러 차례 조각배가 뒤집혀 물고기 밥이 될 뻔한 위험을 겪으며 여러 섬을 거쳐 마침내 제주도에 도착하였다.

제주도에 도착한 청음은 우선 임금의 말씀을 전하는 교서를 반포하였다. "주도자의 협박에 못 이겨 반란에 가담했던 자들에게는 아무런 죄도 묻지 않겠다."고 선포하여 두려움에 떨고 있던 백성들을 안심시켰다. 아울러 부역과 세금을 감면해 주는 등 백성을 안정시킬 여러 가지 정책을 시행할 것임을 선포하였다.

그러고 나서 청음은 한라산에 올라가 산신에게 제사를 지내고 도내를 순행하면서 백성의 형편을 살폈다. 이 시는 제주도 남쪽 정의현旌義縣의 객사에 묵으며 제주도의 어제와 오늘, 객지에서 일어나는 감회를 읊은 작품이다.

제주에 있는 충암의 사당에 올린 제문
祭耽羅沖菴祠宇文

아아, 제 맘 슬프고도 슬프옵니다	嗚呼
선생께서 운수가 확 펴졌을 때엔	先生之泰兮
우리 도가 창성하였습니다	吾道其昌
선생께서 운수가 꽉 막혔을 때엔	先生之否兮
우리 사림 그 재앙을 받았습니다	士林其殃
한번 귀양 간 뒤로는 못 돌아와서	一斥不復
천 리 밖서 안장하게 되었습니다	千里歸藏
어찌 아는 사람들만 슬퍼했을까요	豈惟識者
행인들도 모두 마음 아파했습니다	行路皆傷
하늘의 해 다시 환히 빛나게 되어	天日重輝
복분* 속에 빛 비치게 되었습니다	覆盆生光
황천 속도 어둡지가 아니하여서	九原未昧
관직 다시 회복되게 되었습니다	五服再章
멀고도 먼 이곳 제주 섬나라에는	邈此海國

* 복분覆盆 : 엎어 놓은 동이처럼 어둡고 깜깜한 곳을 가리킨다. 원통한 일을 당하고서도 그 처지를 변명할 수 없는 경우를 비유하는 말로 쓰인다.

봄 산에 풀 향기롭게 자랐습니다　春山草香
선생 유풍 사모하는 마음이 일어　流風起慕
제사 지내 모실 사당 세웠습니다　祀享有堂
부족하기 짝이 없는 못난 후생은　眇余後生
아름다운 명성 진작 들었습니다　夙飮遺芳
공무 보던 여가 틈타 알현하고는　公餘祗謁
우러르고 사모하며 서성입니다　瞻溯彷徨
애오라지 작은 정성 바치고 싶어　聊薦菲誠
푸른 귤과 노란 귤을 올리옵니다　橘綠柑黃
아아, 백대 세월 흐른 뒤에도　嗚呼百世兮
끝내 잊을 수 없을 것이옵니다　終不可忘

충암沖菴은 김정金淨 1486~1521의 호이다. 그는 조광조趙光祖와 함께 개혁 정치를 펴다가 기묘사화己卯士禍 때 제주에 유배되었고, 1521년에 또다시 신사무옥辛巳誣獄에 연루되어 제주에서 사사賜死되었다.

충암의 사당은 본디 충암이 유배 생활을 하던 제주 읍성 동문 밖 금강사金剛寺 터에 세워져 있었는데 지금은 없어졌다. 그 대신 제주의 오현단五賢壇에 충암을 상징하는 돌로 만든 위패와 유허비遺墟碑가 세워져 있다.

오현단은 옛날 제주 귤림서원橘林書院에 위패를 모셨던 다섯 현인을 기리기 위하여 고종 때 만든 단이다. 다섯 현인은 충암 김정을 비롯하여 규암圭庵 송인수宋麟壽, 청음 김상헌, 동계桐溪 정온鄭蘊, 우암尤庵 송시열宋時烈인데, 이들은 모두 제주도에 와서 선정을 펼쳤거나 제주도로 유배 왔던 인물들이다.

청음은 제주에서 안무 어사의 임무를 수행하면서 유생들에게 학업을 권면하는 한편, 억울하게 역적으로 몰린 사람들을 풀어 주라는 내용의 보고서를 올렸다. 또한 순행하면서 보고 들은 사실에 기초해 제주도의 갖가지 폐단을 개혁할 것을 청하였다.

조정에서는 청음의 요청에 따라 여러 가지 제도를 개혁해 제주도 백성의 고통을 덜어 주었다. 이 때문에 제주도에서는 오현단에 위패를 모셔 놓고 제사를 지내면서 그가 베푼 은혜를 기렸다.

도산초당의 밤비

陶山草堂夜雨

이른 새벽 외론 베개 꿈에서 막 깨어나니	五更孤枕夢初驚
산비 소리 솔바람이 골짝마다 우는구나	山雨松風萬壑鳴
홀연 전에 남해 바다 갔었던 일 생각나니	忽憶昔年南海上
한밤중에 조각배를 제주 성에 대었었지	扁舟夜泊濟州城

도산초당陶山草堂은 청음의 집이 있던 경기도의 석실에 있는 초당으로, 도산은 석실에 있는 산 이름이다.

제주에서 어사의 임무를 무사히 마치고 이듬해 서울로 돌아온 청음은 제주에 가서 백성을 위로하기 위해 시행한 일과 보고 들은 일을 조정에 보고한 다음, 석실로 돌아가 지내면서 제주를 오가는 동안에 지은 시문과 보고 들은 일을 정리하고 있었다. 그러던 어느 날 새벽에 비가 오는 소리에 깨어나 제주에 갔던 일을 떠올리며 이 시를 지었다.

청음은 6개월간의 제주 방문기를 일기 형식으로 기록하여『남사록南槎錄』이란 책을 남겼다. '남사'란 뗏목을 타고 남쪽으로 간다는 뜻이다. 이 책에는 안무 어사로서의 임무 수행과 관련된 내용, 제주의 풍토

와 토산물 및 사회상과 생활상 등은 물론, 순행하면서 느낀 자신의 감회를 표현한 시도 함께 수록되어 있다.

이 책은 제주도에 관해 본격적으로 기록한 최초의 책으로, 제주의 역사를 연구하는 데 아주 중요한 자료가 된다. 『청음집』에는 『남사록』에 실려 있는 시 가운데 극히 일부분만 수록되어 있다.

길을 가는 도중에 날씨가 갠 것을 기뻐하다

路上喜晴

오랫동안 비 오다가 저녁나절 날이 개니　積雨重陰向晚晴
문 나서자 확 트이어 눈앞 온통 환해지네　出門披豁眼雙明
산빛에다 나무 색깔 모두가 다 그림 같고　山光樹色渾如畫
제비 꾀꼬리 울음소리 제각기 다 정이 있네　燕語鶯啼各有情
구름 모두 새 자태를 짓는 모습 보이거니　雲物摠看新態度
하늘 다시 예전같이 맑아진 걸 바라보네　天容快覩舊澄淸
약속 날짜 대 가려니 마음 되레 서글픈데　佳期欲赴還惆悵
진흙탕 길 안 마르고 해는 벌써 기우누나　泥濘難乾日易傾

제주에서 돌아온 청음은 당시에 조정의 실권을 잡고 있던 북인 세력에게 배척을 받아 조정에 편안하게 있을 수가 없었다. 특히 당시에 실권을 잡고 있던 유영경이 청음을 유독 몹시 미워하였다. 청음이 이조 전랑으로 있을 때 유영경이 대사헌이 되는 것을 극렬하게 반대하였기 때문이다.

유영경은 청음에 대해 "사람됨이 망령되고 교만하다."라고 모함하여 사람들이 꺼리는 고산도 찰방에 제수되게 하였다. 고산도 찰방은 함경도 안변에서 함흥까지의 역로驛路를 관할하는 자리이다. 이 일에 대해 당시의 사관史官은 다음과 같이 기록하였다.

"김상헌은 강직하고 고상하여 세상 사람들의 존경을 받았다. 그런데 당시 조정의 신하들이 청음을 꺼려 제주에서 돌아오자마자 곧바로 북쪽 변경의 찰방 자리에 제수하였으니, 질시하여 배척하는 것이 심하다고 하겠다."

함경도의 임지로 가던 청음은 비를 만나 고생하고 있었는데 그러던 중에 날씨가 활짝 개었다. 주변의 풍광이 맑아지면서 앞길이 확 트이는 것을 보고 기쁜 마음이 들었다. 그러나 빠듯한 일정에 맞추려니 마음은 급한데 길은 아직 마르지 않아 진창인 데다 해는 저물어 서글픈 마음 또한 금할 수가 없다.

아침에 늦게 일어나다
晏起

생각건대 지난날엔 이른 새벽 관아 나가　　憶昨趨衙趁五更
구중궁궐 문 밖에서 날 밝기를 기다렸지　　紫宸門外候天明
북쪽 온 지 석 달인데 도무지 일이 없어　　北來三月都無事
누운 채로 이웃집 닭 낮에 우는 소리 듣네　　臥聽隣鷄報午聲

찰방은 본디 할 일이 별로 없는 한가로운 자리이다. 임소에 도착하여 매일매일 한가롭게 지내던 청음은 전에 도성에 있을 때 조정에 나아가기 위해 새벽부터 일어나 대궐로 가 기다리던 일이 떠올라 이런 시를 지었다. 그러나 일이 없다 하여 시간을 허송한 것은 아니었다.
청음은 조정에서 쫓겨난 것에 대해 불만을 품기보다는, 자신이 미처 하지 못하였던 공부를 계속할 기회로 삼아 주자朱子가 지은 『소학小學』을 읽었다.
『소학』은 본디 옛날에 어린아이들을 가르치던 교본으로, 대부분 어른이 되면 더 이상 읽지 않던 책이었다. 그런데도 청음은 이 책을 수백 번이나 읽고 또 읽었다. 뒷날 청음은 이때 읽은 『소학』에서 많은 힘을 얻어, 어떠한 역경에서도 자신의 소신을 바꾸지 않고 절조를 지킬 수 있었다고 회고하였다.

정양사에서 비를 만나 묵다
正陽寺雨留

처마 끝에 빗줄기가 밤새도록 쏟아지니 淋浪簷雨夜連明
누운 채로 산골짜기 일만 폭포 소리 듣네 臥聽山中萬瀑聲
깨끗하게 옥봉 씻어 진면목을 드러내면 洗出玉峯眞面目
시인 눈에 말끔하게 씻긴 모습 보이리라 却留詩眼看新晴

청음은 찰방으로 있던 중에 여가를 내어 둘째 형인 김상관과 명승지 이곳저곳을 유람하였다. 이 시는 금강산을 유람하다 정양사라는 절에 묵을 때 지은 것이다. 정양사는 표훈사表訓寺 북쪽에 있는 절로, 시계視界가 확 트인 고지대에 위치해 있어 이곳에서는 금강산의 모든 봉우리를 볼 수 있다. 청음이 이곳에 묵던 밤에 마침 많은 비가 쏟아졌다. 밤새도록 빗소리를 듣던 청음은 비가 갠 뒤 산뜻해질 금강산의 모습을 기대하면서 위와 같이 읊었다.

이 즈음 청음은 함경도 감사로 있던 자가 개인적인 일로 역말을 부리는 것을 보게 되었다. 평소 감사의 됨됨이를 보고 못마땅하게 여겨 온 청음이 이를 문제 삼자, 감사는 도리어 청음이 직무를 소홀히 하고 있다고 조정에 거짓으로 보고하였다. 이로 인해 청음은 이듬해에 파직되어 서울로 돌아온다.

홍원의 객사에서

洪原客舍

북쪽 변방 가을철이 가까워 오니　北塞秋期近
서산에는 서늘 기운 잔뜩 서렸네　西山爽氣多
나그네의 모습 마치 고목과 같아　羈形似枯木
바라보는 눈은 자꾸 흐려만 지네　望眼欲昏花
지난 일을 생각하니 골 지끈대고　往事思偏惱
남은 여정 헤아리니 멀기만 하네　前程算更賒
영고성쇠 운명에 달린 줄 아니　升沈應有命
잘못 발 디딘 걸 누구를 원망하랴　誰復怨蹉跎

청음이 서울로 돌아오던 당시에 함경도 국경 지역에 오랑캐 야인野人들이 출몰한다는 경보가 있어 변경 지역이 시끌시끌하였다. 청음이 보기 싫던 유영경은 또다시 지난날의 원한을 갚으려고 청음을 경성도호부 판관에 임명되도록 손을 써 멀고도 험한 함경북도의 땅끝으로 내쫓았다. 이때 청음은 36세였다.

당시 청음은 노친이 살아 계셔서 먼 변경 지역으로 부임하기 곤란한 상황이었다. 그렇지만 그는 조금도 내색하지 않고 편안한 얼굴로 부임지로 향하였다. 함경도 경성을 향해 가던 청음은 며칠 뒤 함경도 홍원의 객사에서 묵게 되었는데 그곳에는 누군가의 시를 새겨 넣은 시판이 걸려 있었다. 그 시판을 본 청음은 고향에 남겨 둔 노친이 걱정되는 한편, 앞으로 한참을 더 가야 할 여정도 아득하게 느껴졌다. 그러나 청음은 경성으로 가게 된 것을 운명이라 받아들인다. 누구를 원망한들 무슨 소용이 있겠는가.

마천령을 넘어서 임명역에서 묵다
踰磨天嶺宿臨溟驛

천 길이나 되는 높은 고개를 넘어	峻坂淩千仞
역참에서 하룻밤을 묵게 되었네	郵亭借一宵
빈 뜰에는 허깨비들 왔다가 가고	庭虛接夔魍
기운 집엔 거미들이 거미줄 쳤네	戶仄掛蠨蛸
여정 얼마 안 남아서 기뻐하다가	稍喜前途近
고향 땅이 아득하여 다시 놀라네	還驚故國遙
닭 울도록 잠들지 못하고 있다	鷄鳴不成夢
비바람이 치는 소리 쓸쓸히 듣네	風雨聽蕭蕭

홍원을 떠난 청음은 다시 길을 재촉해 가다가 까마득히 높은 마천령磨天嶺을 넘게 되었다. 마천령은 함경남도 단천군과 함경북도 학성군 사이에 있는데 높이가 725미터나 되는 아주 험준한 고개이다. 예로부터 이 고개를 넘은 사람들은 모두 그 고생스러움에 대해 시를 한 수씩 읊었다.

청음 역시 고생 끝에 이 고개를 넘어 고개 아래에 있는 임명역에 묵게 되었다. 변경 지역의 허름한 객관은 귀신이 나올 것 같이 을씨년스러운데 밤이 되자 비까지 죽죽 쏟아졌다. 고향을 떠나 멀리 변경 지역까지 와서 새벽녘까지 잠 못 이룬 채 빗소리를 듣는 청음의 쓸쓸함이 잘 전해진다.

사월이 되어서야 꾀꼬리 우는 소리를 듣다
四月聞鶯

끊임없이 계절 변해 은연중에 맘 놀라니	節序悠悠意暗驚
하늘 끝의 바람과 해 화창하고 맑은 때네	天涯風日屬和淸
오늘 아침 우연히도 배꽃 언덕 향해 가다	今朝偶向梨坡路
처음으로 꾀꼬리가 우는 소리 들었다네	始聽黃鸝第一聲

경성은 함경도의 북쪽 끝에 있지만 조금 늦기는 해도 이곳에도 어김없이 봄이 찾아와 날씨가 화창해지고 꽃이 피었다. 경성에 도착하여 직무를 보던 청음은 꽃구경을 하기 위해 들길을 가다가 꾀꼬리가 짝을 부르기 위해 우는 소리를 들었다. 남쪽에서는 3월이면 들을 수 있는 꾀꼬리 소리를 4월이 되어서야 처음으로 들은 청음은 자신이 추운 북쪽 땅끝에 와 있다는 것을 다시 실감한다.

축석령에서 도봉산을 바라보다
祝石嶺望道峯

맑은 새벽 돌아오니 눈은 얼어 맑거니와	淸曉歸程凍雪晴
높이 솟은 도봉산은 옥 솟은 듯 아름답네	道峯高出玉崢嶸
이 년 동안 변방에서 늘 그리던 곳이기에	二年關塞經心處
꿈속에서 가는 건가 오늘 되레 의심하네	今日還疑夢裏行

청음은 경성도호부 판관으로 봉직하는 동안 윗사람들을 섬기고 아랫사람들을 돌보며 온 정성을 다해 직무를 살펴 모든 사람의 환심을 샀으며, 여러 가지 잘못된 관례를 고쳐서 백성의 고통을 줄여 주었다. 그러나 이듬해 파직되어 다시 서울로 돌아왔다.

서울로 돌아오던 청음은 경기도 포천의 축석령祝石嶺 위에서 서울 쪽을 바라보았다. 아득히 먼 곳에 도봉산道峯山이 겨울 하늘 아래 버쩍 얼은 채 솟아 있었다. 이제 서울이 얼마 남지 않은 것이다. 경성도호부 판관으로 있는 동안 서울에 있는 부모 형제와 임금을 얼마나 그리워했던가? 2년 만에 다시 돌아오게 된 지금, '정말로 돌아오는 것인가, 혹시 꿈을 꾸고 있는 것은 아닌가?' 생각한다.

선죽교에서 느낌이 있어 읊다
善竹橋有感

번화했던 옛 고려조 일마다 다 글러져서	故國繁華事事非
잔치 벌여 놀던 누대 풀숲에 묻혀 있네	舞臺歌榭草離離
지금에는 선죽교의 곁으로 난 길 위에서	至今善竹橋邊路
행인들이 말 멈추고 슬퍼함만 보이누나	唯見行人駐馬悲

서울로 돌아온 청음은 또다시 반대파의 질시로 외직인 개성부 경력開城府經歷이 되어 지방으로 나갔다. 고려의 수도였던 개성은 이미 황폐해져 옛날의 화려했던 모습을 찾아볼 길이 없었다. 어느 날 선죽교를 찾아간 청음은 돌 위에 남아 있는 불그스름한 핏자국을 보았다. 고려조의 충신 정몽주가 이방원李芳遠이 보낸 자의 쇠도리깨에 맞아 죽은 곳이다. 정몽주는 누구인가? 바로 청음이 사표師表로 삼고 있는 인물이었다. 고려가 망한 데 대한 처량한 마음과 충신이 비참하게 죽은 데 대한 슬픔을 금할 수가 없었던 청음은 한참 동안 그곳에 우두커니 서 있었다. 청음뿐 아니라 그곳을 지나는 사람들도 선죽교 옆 길 위에서 모두 가던 걸음을 멈추고 슬퍼하고 있다.

제2장

석실로 돌아가다

제2장 석실로 돌아가다

청음이 개성부 경력으로 있을 때 선조가 승하하고 광해군이 즉위하였다. 청음은 내직인 성균관 직강에 제수되고, 이어서 문과에 급제하였으며 사가독서賜暇讀書를 하게 되었다.

이듬해인 광해군 1년1609 명나라에서 선조에게 제사를 올리기 위하여 사신을 보내왔는데, 이때 의정부 사인議政府舍人으로 있던 청음은 종사관從事官이 되어 의주로 가서 명나라 사신을 맞이하였다. 그리고 이후 사간원 사간, 홍문관 교리·전한·직제학 등 청현직淸顯職을 두루 역임하였다.

광해군 2년에 당상관으로 품계가 오르면서 승정원 동부승지에 제수되었다. 이때 정인홍鄭仁弘이 회재晦齋 이언적李彦迪과 퇴계 이황을 폄하한 일이 있었다. 청음은 곧바로 동료들과 함께 상소를 올려 정인홍을 비판하였다가 광해군의 뜻을 거슬러 면직되었다. 이후 다시 외직인 광주 목사廣州牧使와 연안 부사延安府使에 제수되었다.

연안 부사로 있는 동안 청음의 신상에 큰 변화가 생겼다. 당시 권력을 잡고 있던 이이첨李爾瞻 일파가 반대파인 김제남金

悌男 등을 제거하기 위해 이들이 역모를 꾀하였다고 무고한 것이다. 이 일로 김제남과 사돈 간이었던 청음은 파직된 뒤 양주로 돌아왔다.

평소 혼탁한 광해군의 조정에서 벼슬할 마음이 없었던 청음은, 이 일을 계기로 벼슬살이에 대한 뜻을 완전히 접고 석실로 들어가 은거하였다. 이때 그의 나이가 44세였다.

광해군 7년에 광해군이 친어머니의 존호尊號를 중국에서 인준해 준 데 대한 사은사謝恩使를 보내려고 하였다. 여러 신료에게 사신이 가지고 갈 전문箋文을 지어 올리게 하였는데, 이때 청음이 지어 올린 글에 광해군의 뜻을 거스르는 말이 있어 관직을 삭탈당하였다.

석실에 있는 동안 청음은 스승인 윤근수의 상을 당하여 상복은 입지 않으나 상중喪中에 있는 사람과 같은 마음으로 몸가짐이나 행동을 삼가고 조심하는 심상心喪을 하였다. 그리고 몇 해 뒤 생부인 김극효의 상을 당하자 여묘살이를 하였다. 이 시기 청음은 혼란스러운 정국을 피하려고 잠시 석실을 떠나 풍산에 내려가 있으면서 시골 사람처럼 지내기도 하였다.

호당에서 비가 온 뒤에 짓다

湖堂雨後

밤새도록 내리는 비 가늘기가 실과 같고　連宵密雨細如絲
고운 물빛 살랑살랑 푸른 물결 일렁이네　水色鱗鱗動碧漪
물가 찾는 백로들은 한 굽이를 다투는데　尋渚鷺群爭一曲
고깃배를 젓노라니 멈춰 있는 때가 많네　試篙漁艇住多時
검푸른 빛 나누어서 산머리에 보내고는　已分淺黛歸山額
연노랑 빛 다시 보내 버들눈에 입히었네　更遣輕黃上柳眉
시흥 한창 오르지만 맘은 절로 괴롭거니　詩興正佳心自苦
강호에도 예로부터 근심 걱정 있었다네　江湖從古有憂思

청음은 선조 41년 1608 에 문과에 급제하고 이어 호당湖堂에서 사가독서를 하였다. 호당은 독서당讀書堂이라고도 하는데 조정의 관원 중에 문장에 재주가 있는 젊은 사람을 뽑아 특별히 휴가를 주어 이곳에서 글을 읽게 하였다. 이러한 제도를 사가독서라고 한다. 이는 임금의 특별한 은혜를 받는 것으로, 문신에게는 큰 영광이었다.

위의 시는 사가독서하던 중에 과제課製로 지은 것이다. 과제는 문신들에게 한 달에 한 편씩 시를 지어 올리게 하는 것을 말한다. 과제로 짓는 시는 일반 시와는 달리 어떤 특정한 역사 사실에 대해 읊거나 미사여구를 써서 풍경을 읊는 것이 보통이다. 이 시는 과제의 특성에 맞게 아름다운 시어를 사용하여 이른 봄의 강변 풍경을 섬세하게 그려냈다.

유학의 정통을 지키다

鄭仁弘誣詆兩賢時政院啓辭

신들이 삼가 우찬성 정인홍이 올린 차자를 보았습니다. 정인홍은 선정신先正臣 이황이 일찍이 자신의 스승인 고故 징사徵士* 조식曺植의 문제점에 대해 논하고 징사 성운成運에 대해 단지 '청은淸隱'이라고만 칭하면서 두 사람을 중도中道* 의 인물로 인정하지 않았다는 이유로 분개하였습니다. 그리하여 이황이 조식과 성운을 모함하고 세상을 우롱하였다고 덮어씌웠고, 다른 일들을 여기저기서 끌어다 대면서 못하는 말이 없이 헐뜯고 비난하였습니다. 또한 선정신 이언적까지 아울러 언급하면서 원수를 대하듯이 하였습니다.

아, 정인홍은 젊었을 때부터 속이 좁고 꽉 막혀 많은 사람이 문제라고 여겼습니다. 지금 죽을 때가 다 되어서도 이런 말을 하니, 어찌 노망이 들어 사리에 어두워진 탓이라고만 하겠습니까. 정인홍은 자기가 스승으로 섬긴 조식과 존숭하던 성운을 추존하여 후세에 드러나게 하려고 하였으나, 스승을 존

* 징사徵士 : 학식과 덕행이 뛰어나 천거를 받아 조정에 등용되는 사람을 말한다.
* 중도中道 : 중정中正의 도나 중용中庸의 도를 말한다.

숭하는 방법이 지나치게 칭송하는 데 있지 않다는 것을 몰라 도리어 후세의 비판을 불러왔습니다. 중략

대개 우리 동방은 인현仁賢의 교화가 아득히 멀어서 그 학문이 전해지지 않았습니다. 그러다가 고려조에 이르러서 문충공文忠公 정몽주가 비로소 의리의 학문을 주창하였습니다. 그 후 우리 조선조에 들어와서 세상에서도 인정한 유학에 뜻을 둔 뛰어난 선비들이 없지 않으나 학문을 실천함이 진실하고 잡스러움 없이 순수하여 정몽주의 뒤를 잇고 후학들의 사표가 될 만한 분으로는 문경공文敬公 김굉필金宏弼, 문헌공文憲公 정여창鄭汝昌, 문정공文正公 조광조 및 이언적을 꼽을 수 있습니다.

그런데 이황은 이보다 더 뛰어난 점이 있었습니다. 선유先儒들이 쌓아 둔 깊은 의리를 연구하여 밝히고 어리석고 몽매한 후학들을 계도啓導하였습니다. 궁격窮格*의 공부를 늙어서도 더욱 독실하게 하면서 참되게 쌓아 가며 오래도록 힘을 쏟았습니다.

그의 학문적 조예는 실로 후학이 쉽게 언급할 수 있는 바가 아닙니다. 온 세상의 선비가 모두 올바른 길로 나아가 성리학을 높이고 이단을 물리칠 줄 알게 한 것이 과연 누구의 공이

* 궁격窮格 : 궁리격물窮理格物의 준말로, 사물의 이치를 철저히 연구하여 궁극적인 물리物理를 깨치는 것을 말한다.

겠습니까? 그를 우리 동방의 주자라고 하더라도 참으로 부끄럽지 않을 것입니다.

이 다섯 현신賢臣의 순수한 학문과 높은 도덕에 대해서는 위로 조정의 벼슬아치부터 아래로 초야의 선비까지, 그리고 아무것도 모르는 아녀자나 미천하기 그지없는 종들까지도 모두 풍문을 듣고서 존경하고 있습니다. 이에 문묘文廟에 종사從祀하기를 청한 지가 40년이 넘었습니다.

그러다가 우리 성상께서 즉위하시면서 공론公論에 따라 흔쾌하게 서둘러 문묘에 종사하는 조치를 행하셨습니다. 이에 모두 성대한 조치를 직접 보게 된 것을 이 세상에 다시없을 다행으로 여기고 있었습니다. 그런데 뜻하지 않게도 이제 와서 이처럼 질시하여 헐뜯는 말이 나오고 말았습니다.

온 나라 사람들이 서로 의논하지 않고도 같은 말을 하는 것을 일러 공론이라고 합니다. 다섯 현신을 문묘에 배향하는 것이 어찌 그들을 좋아하는 한두 사람이 지나치게 칭송하면서 추숭하여 올리는 것이겠습니까. 그런데도 그것을 일러 한 때에 잠깐 숭상하는 것이라고 한단 말입니까?

정인홍이 말한 내용을 살펴보면 결단코 화평한 심기에서 나온 말이 아닙니다. 노엽고 분한 마음을 품고서 고의로 다른 일을 거론하여 공갈 협박이라도 하듯이 한 것입니다.

신들이 처음에 말씀을 올려 따져 볼까 하였으나 전하께서 정인홍이 한 말이 조리가 없고 맞지도 않는다는 것을 알고 배척해 물리쳐서 어진 이를 높이고 덕 있는 이를 숭상하는 뜻을 보일 것으로 여겨 가만히 있었습니다.

그런데 상소를 들인 지가 지금 이미 여러 날이 지났는데도 아직 명확한 분부를 내리지 않고 계십니다. 이에 선비들은 마음 아파하고 사람들은 답답해하고 있습니다. 신들은 분수에 넘치는 시종신의 자리를 차지하고 있기에 끝까지 잠자코 있지 못하고 감히 이렇게 아뢰는 바입니다.

선조 6년 1573 8월에 유생들이 한훤당 김굉필, 일두 정여창, 정암 조광조, 회재 이언적, 퇴계 이황 등 다섯 현인을 문묘에 종사하라는 상소를 올렸는데, 선조가 후일 공론이 정해지기를 기다린 다음에 종사하자고 하였다. 그로부터 40년이 지난 뒤에 다시 이 문제가 거론되어 광해군 2년 1610 에야 비로소 문묘에 종사하게 되었다. 그러자 당시에 실권을 잡고 있던 정인홍이 자신의 스승인 조식의 단점을 지적한 회재와 퇴계가 종사되는 것에 대해 불만을 품고 차자를 올려 이들 두 현인을 헐뜯었다. 이에 대해 청음은 곧바로 동료들과 함께 상소를 올려 정인홍을 비판하였다.

청음은 이 상소를 올린 것 때문에 정인홍 일파와 정인홍을 총애하던 광해군의 미움을 받아 다시 외직인 광주 목사廣州牧使로 나가게 되었다. 청음의 청렴하고 곧은 성품을 잘 알고 있던 유근柳根은 이 소식을 듣고 농담 삼아 다른 사람들에게 "광주의 샘물이 청음의 청렴한 기운 때문에 더욱더 차가워질 것이다."라고 하였다. 이듬해 청음은 광주 목사에서 파직되고 다시 외직인 연안 부사延安府使에 제수되었다. 이때 그의 나이 43세였다.

봄이 다 지나가다

經春

봄이 가는 시골 마을 찾아오는 사람 없어	經春門巷斷來尋
버들개지 다 떨어진 정원 안은 깊숙하네	落盡楊花一院深
주렴 밖에 해 높을 때 잠에서 막 깨어나니	簾外日高初睡起
건너편 숲 꾀꼬리가 맑은 소리 보내오네	隔林黃鳥送淸音

청음이 연안 부사로 재직하던 중에 조정에서 역모 사건이 일어났다. 당시에 권력을 잡고 있던 이이첨 일파가 사형수로 갇혀 있던 박응서朴應犀를 사주하여, 자신들의 반대파인 김제남과 영창대군永昌大君 등을 역적으로 무고하게 하였다. 박응서는 죽음을 모면할 생각으로 "임금의 장인인 김제남이 영창대군을 끼고 역모를 꾸미고 있다."라고 무고하였다. 이 무고로 인하여 김제남과 영창대군은 옥에 갇혀 있다가 죽었으며, 김제남의 아들인 김래金琜도 고문을 받다가 죽었다.

김래는 청음의 양아들인 김광찬金光燦의 장인이었다. 평소 청음을 미워하던 이이첨 일파는 이를 기회로 '김제남과 혼사를 맺은 집안'이라고 청음을 탄핵하여 파직시켰다. 평소 혼탁한 광해군의 조정에서 벼슬할 마음이 없었던 청음은 이 일을 계기로 벼슬살이에 대한 뜻을 완전히 접고 석실로 들어가 은거하였다. 이때 청음은 44세였다.

석실로 들어온 청음은 조정에 있을 때와는 달리 하루하루 한가롭게 보내고 있었다. 그러던 어느 늦은 봄날 아침 해가 높이 뜰 때까지 늦잠을 자다가 일어났다. 그때 건너편 숲에서 꾀꼬리가 우는 소리가 들려왔다. 청음은 한가로운 늦봄의 나른한 정취를 시로 읊었다.

월정 선생을 곡하다
哭月汀先生

문단에서 명성 높긴 젊은 나이 때부터로　詞苑聲名擅妙年
명종께서 어진 이를 급히 구할 그때였네　正當明廟急親賢
높은 재주 날아올라 하늘 높이 치솟았고　飛騰峻秩雲霄逼
맑은 의표 깨끗하여 옥거울이 걸렸었네　洒落淸標玉鏡懸
온 천하의 달존* 되어 대로라고 추앙받고　四海達尊推大老
세 조정에 바친 절개 늙어서도 안 변했네　三朝一節到華巓
용과 뱀의 해가 되어 옛 참언에 놀랐거니*　龍蛇在歲驚前讖
선비들은 서로 만나 몇 배는 더 슬퍼하네　士類相逢倍慘然

선생님께 내 부족함 깨쳐 주길 청하면서　從容函丈啓顓蒙
병술년의 겨울에 제자의 예 올렸었네　憶得摳衣丙戌冬
큰 은혜가 유독 깊어 골육지친 같았는데　偏感厚恩同骨肉

* 달존達尊 : 『맹자』에 나오는 말로, 천하 사람들이 모두 우러러보는 세 가지, 즉 벼슬과 나이와 덕德을 가리킨다.

* 용과……놀랐거니 : 옛날부터 간지干支에 용을 뜻하는 진辰과 뱀을 뜻하는 사巳가 들어간 해에는 흉한 일이 일어난다고 믿었는데, 윤근수가 죽은 해가 마침 병진년丙辰年이기 때문에 한 말이다.

첨 배우는 아이 같아 몹시 창피하였었네　　尙慚初學似兒童
평상시에 서책 쌓아 놓은 데서 모시었고　　尋常座右圖書地
삼십 년간 궤장 좇아 뒤를 따라 다니었네　　三十年來几杖從
밤비 속에 벌레 울 때 흰머리로 슬퍼하니　　夜雨寒蛩悲白首
향 올리며 슬픈 눈물 남풍[*] 위해 흘리누나　　瓣香哀淚爲南豐

석실로 물러나 있던 청음은 47세 되던 해에 부모를 잃는 것과 같은 큰 슬픔을 당하였다. 스승인 월정 윤근수가 죽은 것이다. 청음은 윤근수가 죽었다는 소식을 듣고 심상心喪을 하였다. 심상은 스승이 죽었을 때 어버이가 죽었을 때처럼 삼년상의 상복을 입지는 않지만, 마치 상복을 입은 것 같은 마음으로 삼 년 동안 지내는 것을 말한다. 이때 청음은 윤근수의 죽음을 몹시 애통해하면서 여러 편의 시를 지어 자신의 슬픔을 토로하였으며, 그러고 나서도 남은 슬픔을 주체할 길 없어서 다시 긴 제문祭文을 지었는데, 그 대략은 다음과 같다.

"아, 예로부터 재주 있는 자가 반드시 모두 어질지는 않았으며, 공이 있는 자가 반드시 모두 충성스럽지는 않았으며, 복 있는 자가 반드시 모두 올바르지는 않았습니다. 지금 선생께서는 이 모두를 겸하여 지

* 남풍南豐 : 송나라의 학자이자 문장가인 증공曾鞏의 호로, 여기서는 윤근수를 가리키는 말로 쓰였다. 진사도陳師道의 시에 "평생토록 한 번 향을 올렸으니, 공경스레 증남풍을 위한 것이네. 平生一瓣香 敬爲曾南豐" 하였다.

니고 두루 누리셨으니, 선생의 평생 행적을 살펴보면 유감스러운 일이 아무것도 없습니다.

그런데도 애통한 마음을 그치지 못하는 까닭이 있습니다. 그것은 바로 선생께서 돌아가시어 세상에 선비를 사랑하는 이가 없게 되었고, 선생께서 돌아가시어 세상에 선을 좋아하는 이가 없게 되었기 때문입니다. 또한 무너져 가는 물결에 휩쓸려서 깨끗한 절조를 다시 볼 수 없게 되었으며, 말세의 습속으로 싸우는 소리에 고상한 논의를 다시 들을 수 없게 되었기 때문입니다.

이제 조정에서 잘못되거나 빠진 예문禮文이 있을 경우 누구에게 물어 근거를 찾을 것이며, 후학들이 학업에 의심이 가거나 어려움이 있을 경우 누구에게 나아가서 질문한단 말입니까. 중략

못난 제가 요행히 어려서부터 선생의 문하에 드나든 지 지금 31년이 되었습니다. 은혜는 부모와도 같고 의리는 지기知己와 같으나, 평생토록 우러러 사모하면서도 한 가지 일도 제대로 배우지 못하였습니다.

저는 잠시 내각內閣과 대성臺省에 나아갔다가 참소와 비방을 입어 배척당하고 쫓겨났습니다. 이는 선생의 겸손한 덕을 제대로 배우지 못한 것입니다. 저는 관직에 있으면서 녹봉만 축내며 세월만 허비한 채 나라에 조금도 보탬이 되지 못하였습니다. 이는 선생의 충성과 근면을 제대로 배우지 못한 것입니다. 저는 늙어서 문장을 지었으나 세상 사람들이 전혀 인정해 주지 않았으며, 한번 임금이 꺼리는 말을 썼다가 여러 차례 낭패를 보았습니다. 이는 선생의 문장을 제대로 배우지 못

한 것입니다.

그러나 그런 가운데서도 기대하는 바가 있었던 것은, 선생께서 조금만 더 살아 계셨다면 대충이나마 저의 공부를 마쳐서 이전의 허물을 보완할 수 있으리라는 것이었습니다. 그러나 하늘이 선생을 남겨 두려 하지 않아 사림이 온통 슬픔에 빠졌습니다. 어진 인재가 배척당하고 소인이 제 뜻대로 횡행하게 되었으며, 상서로운 조짐이 사라지고 흉한 변고의 조짐이 일어나게 되었습니다. 아, 애통합니다."

스승의 죽음에 애도하는 마음으로 심상을 하고 있던 청음은 잇달아 생부 김극효의 상을 당하여 여묘살이를 하였다. 여묘살이란 부모가 죽었을 경우 3년 동안 무덤 곁에 초막을 짓고 지내는 것을 말한다.

옛날 사람들은 여묘살이를 할 때 보통 평소에 잘 읽지 않던 예禮에 관한 책을 읽었다. 청음 역시 여묘살이를 하는 동안 예에 관한 책을 읽었으며, 그 가운데 예를 실제로 적용해야 하는 상황이 닥쳤을 때 절실하게 필요한 내용을 뽑아서 정리하고 이름을 『독례수초讀禮隨鈔』라고 하였다.

고향에 돌아가고파

思歸曲

큰 변고를 당함이여, 난세를 만났도다　遭大故兮逢世亂
북쪽 마을 떠남이여, 남쪽으로 가도다　去北里兮適南方
어머니를 따라감이여, 어머님이 그립도다　隨慈母兮戀慈母
고향으로 돌아감이여, 고향 땅이 그립도다　歸故鄕兮思故鄕
형제간에 못 봄이여, 벗들을 그리도다　兄弟不見兮朋友相望
변방 상황 급함이여, 변방 급보 급하도다　邊聲急兮羽書忙
집의 서신 끊어짐이여, 가는 길이 멀도다　家信阻兮道路長
근심 원한 맺힘이여, 애간장이 다 녹도다　憂恨結兮摧肝腸
밤에 홀로 서 있음이여, 눈물이 흐르나니　中夜獨立兮涕汪浪
어찌해야 날개 얻어 높이 날아오르려나　安得羽翮兮高飛翔

광해군 10년 1618 에 내부적으로는 광해군이 이이첨 일파의 폐모론廢母論에 따라 인목대비仁穆大妃를 서궁西宮에 유폐하는 등 패륜을 저질러 조정의 정사가 혼탁해졌고, 대외적으로는 후금後金과 명나라의 전쟁에 조선이 군대를 파견하여 명나라를 지원했다는 이유로 후금이 쳐들어올 징후가 있었기 때문에 인심이 극도로 흉흉하였다. 이에 청음의 형 김상용은 아버지를 모시고 관동 지방으로 가고, 청음은 양어머니인 이씨 부인을 모시고 안동의 풍산으로 내려가 머물렀다.

풍산에 있던 청음은 석실이 그리웠으며, 부모 형제가 보고 싶었다. 그러나 여전히 시국이 불안해 갈 수 없었다. 한밤중에 일어나 있던 청음은 자기도 모르게 눈물을 흘렸다. 날개라도 있으면 훌쩍 날아 석실로 돌아갈 텐데.

광해군 13년 1621 봄에 청음은 양주의 석실로 돌아왔다. 그해 생모의 상을 당하였으며, 이듬해 양어머니의 상을 당하여 석실의 여막에서 여묘살이를 하였다. 이때 그의 나이 53세였다.

제3장

다시 조정으로 나아가다

제3장 다시 조정으로 나아가다

청음이 54세 되던 해 조정에서는 인조반정仁祖反正이 일어났다. 청음은 석실에서 여묘살이를 하고 있었으므로 반정을 모의하는 데 참여하지 않았다. 반정이 성공한 뒤 정국이 안정되기도 전에 이괄李适의 난이 일어났다. 인재가 필요했던 인조는 청음에게 조정에 나오라고 명하였다. 그러나 상중에 조정에 나아가는 것은 예가 아니라고 여긴 청음은 상소를 올려 삼년상을 다 마치게 해 달라고 청하였다.

이괄의 난이 평정되고 두 달이 지난 뒤에 청음은 삼년상을 마치고 조정에 출사하였다. 당시 조정에서는 이조 참의吏曹參議 자리를 비워 놓고 기다리고 있었다. 이조 참의는 인사권을 가진 자리로, 정권의 핵심이 되는 자리였다. 이후 청음은 사간원 대사간에 제수되어 조정의 기강을 바로잡았다.

인조 3년1625 10월 청음은 홍문관 부제학에 제수되었다. 이때 조정에서는 인조의 숙부로 광해군의 패륜 행위에 동조한 인성군仁城君 이공李珙에 대한 처리 문제를 두고 논쟁이 벌어졌다. 이공을 처벌하지 말아야 한다고 주장하는 목성선과 유석 등의 정국을 주도할 속셈을 간파한 청음은 차자를 올려 이들의 은밀한 생각을 드러내어 밝혔다. 그러나 인조는 그저 알았다고 답할 뿐 아무런 조처도 취하지 않았다. 임금의 뜻을 알게 된 청음은 곧바로 사직 상소를 올린 다음 석실로 돌아갔다.

인조 4년 1626 평안도의 가도椵島에 주둔하고 있던 명나라 장수 모문룡毛文龍이 우리나라를 무고한 일이 발생하였다. 명나라 조정에 우리나라가 후금과 내통하고 있다는 내용의 글을 올린 것이다. 조선에서는 청음을 명나라에 사신으로 보내 이에 대해 해명하게 하였다.

청음은 그해 10월에 북경에 도착해 모문룡이 무고한 내용에 대해 자세하게 해명하였다. 이듬해 청음이 북경에서 사신의 임무를 수행하던 중에 정묘호란丁卯胡亂이 일어났다. 본국에 난리가 났다는 소식을 들은 청음은 곧바로 글을 지어 명나라 황제에게 아뢰었다. 그러자 명나라 황제가 군사를 파견하여 조선을 구원하게 하였다. 청음은 그해 5월에 황제가 내린 조서를 받들고 서울에 도착해 임금에게 복명하였다. 이때 그의 나이 58세였다.

북저 김 판서에게 답하는 편지
答北渚金判書

삼가 태형台兄께서 보내 주신 편지를 받으니, 우러러 위로되는 마음 그지없습니다. 태형께서는 평소에 고요한 가운데 느긋하게 지내다가 하루아침에 여러 번다한 업무를 아울러 관장하게 되었습니다. 중요한 업무가 한꺼번에 몰려들어 공사公私 간에 응접하느라 조금도 쉴 틈이 없어 몸과 마음이 어수선할 것이니, 어찌 능히 일을 처리해 나갈 수가 있겠습니까. 저로서는 몹시 염려가 됩니다.

민심이 안정되지 않아서 걱정할 만한 일이 한둘이 아님은 그야말로 보내온 편지에서 말한 바와 같습니다. 이렇게 된 원인을 따져 보면 어찌 그 까닭이 없겠습니까.

반정에 성공한 초기에 죄인을 많이 처벌하기는 하였으나, 같은 죄를 짓고서도 처벌은 다르게 받은 자가 혹 사사로운 감정으로 법을 뒤흔들고 있습니다. 그리고 인재를 폭넓게 거두어 쓰긴 했지만 뜻을 잃고 원망을 품은 자가 도리어 허물을 찾아내어 비방을 일으키고 있습니다.

게다가 갑자기 부귀하게 되면 사람들이 꺼리고, 갑자기 기세가 성해지면 사람들이 불만을 품는 법이라서, 구실을 삼을 만한 여지가 있으면 뜬소문이 곁에서 부추겼습니다. 이에 불온한 무리가 드디어 그것을 빌미로 삼아 술수를 부리면서 앞다투어 자신들의 심보를 드러내니 몹시 애통합니다.

제가 이해하지 못하는 점이 있습니다. 명철하신 성상께서 왕위에 오르고 깨끗한 사류士流들이 모두 조정에 나와서 아침저녁으로 정사를 논의한 지가 이미 반년이 넘었습니다. 그런데 기강의 문란함과 민생의 근심 및 변방 방비의 허술함은 예전과 크게 달라진 것이 없습니다. 태평성대의 다스림을 끝내 볼 수가 없는 것입니까?

조정에서 떠들어대는 잡스러운 말은 절충할 사람이 없고, 중요한 직임은 맡길 만한 사람이 없어 체통이 서지 않고 있습니다. 만약 이 상태로 그럭저럭 세월만 보낸다면, 장차 싸라기 죽처럼 흐물흐물해진 형세를 수습할 길이 없을까 걱정스러우니 어찌하면 좋단 말입니까.

전일에 곡로谷老 장유張維가 가지고 온 편지 내용을 반복해서 생각해 보니 태형께서 본 것이 그럴듯하였습니다. 그러나 이 말을 한 자 역시 반드시 못하는 짓이 없을 것입니다. 이런 흉악한 무리가 도성 안을 가득 채우고 있으니 한심스럽습니다.

근래 들어서 조정의 정사가 전적으로 은혜를 베풀어 용서해 주기만을 힘쓰는 탓에 혹 기강이 해이해지기도 하였습니다. 서리가 내렸는데 풀이 시들지 않는 것도 역시 심상치 않은 일이라 할 수 있습니다. 그러니 군자를 후하게 대우하고, 간사한 자를 법률로 징계한다는 원칙은 바꾸어서는 안 되는 것입니다.

저 정자산鄭子産*이나 제갈공명諸葛孔明*이 어찌 모두 나라를 다스리는 요체를 모르는 사람들이었겠습니까. 난세의 뒤를 이어 다스리는 자는 그렇게 하지 않을 수가 없는 것입니다. 제가 엄하고 가혹하게 처벌하는 것을 좋아하여 이런 말을 하는 것이 아닙니다. 태형께서는 어떻게 생각하시는지요?

멀리에서 물어보셨기에 감히 모르는 척할 수 없어 속마음을 모두 털어놓으니 송구스러운 마음을 금치 못하겠습니다. 잘 헤아려 주시기 바라며 다른 사람에게는 보여 주지 마시기 바랍니다. 평소에 남의 구설수에 오른 일이 적지 않기 때문에 오늘날에 있어서는 더욱더 다른 사람 귀에 들어가는 것을 원치 않습니다. 삼가 이만 줄입니다.

* 정자산鄭子産 : 춘추시대 정鄭나라의 정치가로, 본래 이름은 공손교公孫僑이다. 오랫동안 재상으로 있으면서 뛰어난 외교 수완을 발휘하여 당시 패권 다툼을 벌이던 진晉나라와 초楚나라 사이에 위치한 정나라를 무사하게 보전하였다.

* 제갈공명諸葛孔明 : 중국 삼국 시대 촉한蜀漢의 정치가이자 전략가인 제갈량諸葛亮으로, 공명은 그의 자이다. 역사상 가장 위대한 전략가로 손꼽힌다.

인조반정이 일어난 해 김류金瑬에게 보낸 편지이다. 김류는 임진왜란 때 충주 탄금대에서 왜적과 싸우다 죽은 김여물金汝岉의 아들이다. 광해군 때에는 북인들로부터 배척을 받아 지방관을 전전하다가 광해군 말년에 이귀李貴 등과 함께 모의하여 인조반정을 일으켰다. 반정이 성공한 뒤에 일등 공신에 책봉되어 요직을 담당하면서 인조 초반의 정국을 주도하였다.

반정을 주도한 공신들은 정국을 이끌어 본 경험이 없어서 반정 초기의 혼란을 제대로 수습하지 못했다. 김류 역시 어지러운 정국을 수습하기 위하여 골몰하였으나 뜻대로 되지 않았다. 이에 청음과 깊은 친분이 있고 반정 모의에 참여하였던 계곡 장유를 통해 청음에게 편지를 보내 해결책을 제시해 달라고 부탁하였다.

석실에서 여묘살이를 하던 중에 김류의 편지를 받은 청음은 법을 엄격하게 적용해서 간사한 자들을 징계해야만 흐트러진 정국을 수습할 수 있다는 내용으로 답하였다. 이후에도 김류는 청음에게 종종 편지를 보내어 자문하였으며, 그때마다 청음은 답장을 보내 조언해 주었다.

사간원에 있으면서 여덟 가지 조짐에 대해 올린 차자
諫院八漸箚子

삼가 아룁니다. 신들이 듣건대, 하지夏至는 양陽의 기운이 극에 이른 때인데 음이 처음 생겨나고, 동지冬至는 음陰의 기운이 극에 이른 때인데 양이 처음 생겨난다고 합니다. 또 들판을 가득 태우는 불길도 모두 작은 불꽃에서 시작되고, 하늘까지 채울 듯한 홍수도 모두 한 방울의 물에서 비롯되며, 서리가 내리면 곧 단단한 얼음이 얼게 된다는 것을 알 수 있습니다.

모두가 작은 것으로부터 커지고 미미한 것으로부터 드러나게 되는 것으로서, 그 유래에 조짐이 있음을 말한 것입니다. 인사人事에 있어서도 역시 그렇습니다. 그러므로 『서경』에서는 작은 행실을 신중히 하라고 경계하였고, 『역경』에서는 기미를 아는 것을 귀하게 여겼으며, 『예경』에서는 조짐을 보고 사태를 알아채는 것을 칭찬하였습니다. 이처럼 성인의 가르침은 깊은 의미가 담겨 있습니다.

신들이 삼가 살펴보건대, 전하께서는 반정反正하신 초기에는 조심하고 두려워하여 모든 일을 공경하고 엄숙하게 처리하였으며, 모든 생각을 신중하고 조심스럽게 하였습니다. 그리하여 오직 백성에게 죄를 얻을까 두려워하고, 신하들에게 비판받을까 염려하셨습니다. 탕왕湯王이 깊은 연못에 떨어질 것처럼 조심하던 것이나, 문왕文王이 조마조마해하며 공경하는 마음을 가졌던 것이라도 이보다 더할 수는 없었을 것입니다. 그런데 어찌하여 1년이 지났는데도 정치가 더 나아지지 않고, 중간에 변란을 겪어 나라가 거의 나라 꼴이 아니게 되었단 말입니까?

이런 상황인데도 전하의 마음은 태연하신 듯합니다. 일을 행하는 데서 보이는 것이나 명령을 내리는 데서 나타나는 것이나 안색과 목소리에 드러나는 것을 보면 우려되는 마음을 금할 수 없습니다. 신들이 그중에서도 임금의 덕에 있어 아주 절실한 것과 다스리는 도에 관계된 것을 들어 우선 그 대강을 진달하겠습니다.

성학聖學이 다시 퇴보하는 조짐이 있고, 공정한 도가 다시 폐해지는 조짐이 있고, 언로言路가 다시 막히는 조짐이 있고, 요행僥倖을 노리는 길이 다시 열리는 조짐이 있고, 탐욕스럽고 교활한 자가 다시 기승을 부리는 조짐이 있고, 잡스러운 사람들이 궁궐 사람들과 서로 내통하는 조짐이 있고, 궁궐 안의 금법禁法이 엄숙하게 지켜지지 않는 조짐이 있고, 여자가 정치를 어지럽히는 조짐이 있습니다.

이 여덟 가지 조짐을 막지 못하면 나라가 곧바로 망하고 말

것입니다. 삼가 바라건대 전하께서는 맑은 마음으로 성찰하여 그 기미가 자라나지 않도록 조심하소서. 중략

이 여덟 가지 조심 가운데에는 전하께서 행하고 있으면서도 스스로 알지 못하시는 것도 있으며, 알면서도 끌려가신 것도 있을 것입니다. 그리고 희로喜怒의 감정에 치우치거나 친애하는 마음에 치우쳐 인자하게 처리하느라 강직하고 꿋꿋한 덕이 손상되기도 하고 비천하고 사소한 일에 대해서는 혹 자세히 살피지 않기도 하실 것입니다.

전하께서는 자신을 잘 다스려서 반드시 그런 걱정이 없을 것이라고 여기실 것입니다. 그러나 형체가 없는 가운데에서 뜻하지 않게 그 맹아가 은밀히 싹트는 법입니다. 신들이 비록 형편없기는 하지만 어찌 감히 임금에게 본디 있지도 않은 과오를 터무니없이 지적하고 정사에 드러나지도 않은 결점을 함부로 논하여, 강직한 척한다는 혐의를 자초하겠습니까.

돌아보건대 신은 지극히 어리석고 고루한 몸으로 분에 넘치게 발탁되는 은혜를 입어 간관의 자리에 끼게 되었습니다. 그러나 위로는 성상의 은덕에 보답하지 못하고, 아래로는 관원의 책임을 다하지 못하였습니다. 이에 속마음을 다 피력하여 경솔하게 진달하였습니다. 말은 비록 천박할지라도 뜻은 실로 깊이 생각한 것입니다. 삼가 바라건대 명철하신 성상께서 잘 살펴보소서. 결정을 내려 주시기 바랍니다.

청음은 인조 2년 1624 8월에 사간원 대사간에 제수되었다. 사간원은 조선 시대 언론을 담당했던 기관으로, 주로 국왕에 대한 간쟁과 논박을 담당하는 부서였다. 당시는 이괄의 난이 진압된 지 얼마 안 된 때라서 조정에 기강이 없어 혼란한 시기였다.

대사간에 제수된 청음은 동료들과 상의한 다음, 임금의 학문이 퇴보하고, 공정한 도가 폐해지고, 직언을 하는 언로가 막히고, 요행을 노리는 길이 열리고, 탐욕스러운 자가 기승을 부리고, 잡스러운 사람들이 궁궐 사람들과 내통하고, 궁궐 안의 금법이 해이해지고, 여자가 청탁하는 것이 시행되는 등의 여덟 가지 나쁜 조짐이 있다고 하면서, 이를 조심하라는 내용으로 차자를 올렸다. 청음이 말한 여덟 가지는 임금이 가장 범하기 쉬운 잘못이었다. 이 차자를 받은 인조는 깊이 유념하겠다고 답하였다.

구원병을 보내 달라고 중국에 요청한 글
兵部呈文

'어리석은 견해를 진달하여 요청이 채택되어 변경의 울타리를 굳건히 하고 나라의 강역을 회복하는 일'로 글을 올립니다.

저희가 지난번에 제독의 글을 받고서 문묘를 배알하였는데, 길에서 보는 자들이 모두 "조선 사신들은 자기 나라에서 전쟁이 일어난 것을 모르는가?" 하였습니다.

저희들은 처음에 그 말을 듣고서 믿지 않으면서 놀라고 의아해하기만 했습니다. 그런데 이어서 대궐 아래에 나아갔다가 들은 바도 역시 그와 같았습니다. 그러니 오랑캐들이 동쪽의 우리나라로 쳐들어온 것은 결단코 의심의 여지가 없습니다.

이에 생각했습니다. 우리나라는 군사는 적고 군량은 부족하며, 사방에 구원을 요청할 만한 나라도 없어서 평소에 믿는 것은 오직 중국 조정뿐입니다. 그러나 지금은 바닷길로 멀리 떨어져 있어 위급한 상황이 벌어졌을 때 달려와 하소연할 수도 없습니다.

게다가 모진毛鎭*에 있는 군사들은 피로하고 군량은 떨어져 자신들이 기세를 떨치지 못할 것을 알고는, 압록강이 얼어붙게 되면 항상 섬으로 들어가 지키면서 싸움을 피하려고 합니다.

그러다 보니 오랑캐들이 와도 모진으로 날아갈 수 없을 뿐만 아니라, 모진 역시 육지로 나와서 오랑캐들의 군대를 볼 길이 없습니다. 이러한데 모진이 협력하여 우리나라의 위급함을 구제해 주기를 바랄 수가 있겠습니까. 이것으로 본다면 우리나라의 안위와 존망이 어찌 될지 모르는 아주 다급한 상황입니다.

우리나라는 명나라 조정을 위해 직분을 다하다가 지난해 심하深河의 전투* 때 오랑캐와 틈이 벌어지며 원한을 맺었고, 또 모진이 현재 우리나라에 의지해 있습니다. 그러니 오랑캐가 반드시 우리나라를 씹어 삼키겠다는 생각을 잠시라도 잊었을 리 있겠습니까. 다만 안으로 중국의 산해관山海關과 영

* 모진毛鎭 : 명나라 장수 모문룡이 우리나라 철산鐵山 가도에 설치했던 군영軍營을 가리킨다. 모문룡은 우리 조정에 무리한 요구를 하며 외교에 막대한 지장을 초래하다가 결국은 명나라 장수 원숭환袁崇煥에게 피살되었다.

* 심하深河의 전투 : 광해군 10년 1618에 건주建州의 누르하치奴兒哈赤가 명나라를 침입하여 벌어진 전투를 말한다. 이때 우리나라에서는 명나라의 구원 요청에 따라 도원수 강홍립姜弘立과 부원수 김경서金景瑞가 이끄는 군사 2만 명을 파견하여 구원하게 하였다.

원위寧遠衛*의 형세에 부담을 느끼고 자신들의 본거지가 공격당할까 염려하여 감히 분풀이할 생각을 하지 못했을 뿐입니다.

그리다가 새로운 오랑캐의 추장이 즉위한 초기에 전 추장의 상喪을 핑계로 약한 척하면서 까닭 없이 우호를 요청하여 관문과 영원의 군사들이 대비를 느슨히 하기를 도모하였던 것입니다. 그러고 나서 기회를 틈타 갑자기 군사를 일으켜 정예병을 모두 거느리고 동쪽으로 우리나라를 침범하여 여러 성을 유린하고 백성들을 도륙하였으며 도성을 엿보았습니다. 그 형세가 어찌 우리나라만 삼키고 말려는 것이겠습니까.

우리나라가 어느 날 버티지 못하면 모진 역시 어느 날 의지할 데가 없게 되고, 모진이 의지할 데가 없게 되면 오랑캐들은 의기양양해져 두 눈을 부릅뜨고 온 힘을 기울여 서쪽으로 침범할 것이니 중국의 강역 안에서 일어날 근심이 결코 지금과 같은 수준에 그치지 않을 것입니다.

그러나 우리나라가 갑작스럽게 침입을 당해 처음에는 비록 충성스러운 군사들이 무너져 쓰러졌지만, 끝내는 반드시 크

* 산해관山海關과 영원위寧遠衛 : 산해관은 만리장성의 동쪽 끝인 바닷가에 있는 관문으로, 요동 지역에서 북경으로 들어가는 요충지이다. 영원위는 산해관과 요동 지역 사이에 설치한 군사 주둔지로, 명나라 군사들이 이곳에 있으면서 후금의 침입을 방비하였다.

게 떨쳐 일어나 맹세코 이 오랑캐들을 멸망시켜 황제의 은혜에 보답하고 변방을 안정시킬 것입니다.

저희가 생각하기로는 동쪽에서 양측의 교전이 아직 그치지 않았고 비록 잠시 그친다 해도 머지않아 다시 교전하게 될 것입니다. 참으로 이때에 맞춰 속히 한 부대의 군사를 보내 빈틈을 찔러 그들의 본거지를 공격해야 합니다. 그리하여 오랑캐들이 앞과 뒤를 견제당한 곤란한 상황에서 헤어나지 못하게 한다면, 일거에 온 요동을 수복할 수 있고 속국도 보전할 수 있으며 오랑캐들도 섬멸할 수 있을 것입니다. 그러니 지금이야말로 바로 다시 얻지 못할, 놓쳐서는 안 될 좋은 기회입니다.

당당한 중국 조정에서는 계책을 이미 정하였을 것이니, 구구한 작은 나라의 신하가 감히 함부로 진달해서는 안 된다는 것은 잘 알고 있습니다. 그러나 하찮은 사람의 말조차도 옛 임금들은 채택하여 썼습니다. 그리고 중국 변방의 안위와 우리나라 종묘사직의 존망이 이 한 번의 조치에 달려 있습니다.

이에 절박하고 답답한 심정을 금할 수가 없어서 형벌을 받아 죽을 것을 무릅쓰고 감히 이렇게 우러러 진달합니다. 삼가 합하閤下께서는 불쌍하게 여겨 살펴보아 주시기 바랍니다.

인조 4년 1626 에 평안도의 가도에 주둔하고 있던 명나라 장수 모문룡이 중국 조정에 올린 글에서 "조선이 딴마음을 품고 오랑캐에게 붙으려 한다."라는 내용으로 우리나라를 무고하였다. 이 보고를 받은 명나라 조정은 조선이 앞에서는 자신들에게 우호적인 척하면서 뒤로는 후금과 내통하는 것이 아닌가 하고 의심하였다.

이 소식을 전해 들은 조선에서는 남이웅南以雄과 청음을 사신으로 뽑아 보내 이에 대해 해명하고자 하였다. 석실에 머물고 있던 청음은 이해 5월에 사신에 차임되었다는 소식을 듣고 곧바로 도성으로 들어갔다. 6월에 하직하고 길을 떠나 바닷길을 통해 4개월 뒤인 10월에 북경에 도착하였다.

청음은 북경에 도착하자마자 곧바로 중국의 예부禮部와 병부兵部에 정문呈文을 올려 모문룡이 조선을 무고한 내용에 대해 자세하게 해명하였다. 청음의 정문을 받은 중국 조정에서 절차에 따라 황제에게 아뢰자, 12월 19일에 황제가 다음과 같은 성지聖旨를 내렸다.

"조선이 다른 뜻을 품고 오랑캐와 내통했다는 무고에 대해 반박한 것을 보니 매우 사리가 분명하다. 어찌 여러 대에 걸쳐 공경했던 나라가 하루아침에 순리를 배반하고 역적을 따를 리가 있겠는가. 짐의 마음으로 미루어 보건대 저들에게 그런 일이 없었을 것으로 생각된다. 그러니 조선의 군신들은 의심하거나 두려워하지 말고 더욱 마음을 굳건히 하여 함께 원수를 갚는 데 힘을 다해, 결코 다른 생각이 없음을 밝혀야 할 것이다. 짐도 영원히 그대들의 충정이 변치 않음을 살펴서 그대 나라를 잘 보살펴 주겠다. 사신으로 온 김상헌 등이 보여 준 극진

한 정성이 가상하다."

청음은 모문룡의 무고를 해명하는 사신의 첫 번째 임무를 완수한 뒤, 성절聖節에 하례를 올리는 두 번째 임무를 수행하기 위해 그대로 북경에 머물러 있었다. 옥하관玉河館에 머물던 청음은 조선에 전쟁이 난 사실을 모른 채 북경의 이곳저곳을 둘러보며 견문을 넓히고 있었다.

3월 초에 공자의 사당인 문묘에 배알하러 갔을 때 중국 사람들이 청음을 보고 "조선 사람들은 자신들의 나라에 전쟁이 난 것을 모르는가?"라고 하였다. 그 말을 들은 청음은 여러 곳에 탐문해 보고서 후금이 조선을 침공한 사실을 알았다. 청음은 바로 글을 지어 3월 9일에 명나라 황제에게 아뢰었다.

청음의 글을 본 명나라 황제는 "즉시 군사를 파견해 구원하라."라는 내용으로 병조에 지시하였다. 황제의 명이 내린 것을 확인한 청음은 곧바로 북경을 떠나 귀국길에 올랐고 5월에 서울에 도착해 복명復命하였다.

제4장

문명文名을 드날리다

제4장 문명文名을 드날리다

옛날 사람들은 중국이나 일본에 사신으로 갈 경우, 사신으로 가는 도중에 보고 들은 사실이나 만난 사람, 방문한 유적지 등에 대한 기록과 아울러 사행 중에 읊은 시를 모아 책자로 남기는 경우가 많았다. 중국을 다녀와 남긴 기록은 흔히 조천록朝天錄, 조경록朝京錄, 연행록燕行錄이라 하고, 일본을 다녀와 남긴 기록은 동유록東遊錄, 해사록海槎錄이라 한다.

북경에 사신으로 갔던 청음 역시 「조천록」을 남겼다. 청음의 「조천록」은 국내뿐만 아니라 중국에서도 간행되어 많은 사람이 읽었으며, 중국에서 문장가로서의 명성을 드날리는 계기가 되었다. 여기에는 시 136수와 산문 14편이 실려 있다.

청음은 인조 4년1626 6월에 서울에서 출발해 10월에 북경에 들어갔다. 4개월에 걸친 긴 여정이었다. 북경에 머물면서 사신의 임무를 수행하고 있던 청음은 사행길에 지은 시를 묶어 중국 조정의 예부 시랑이자 한림원 학사를 겸임하고 있던 이강선李康先에게 보여주었다. 청음의 시를 읽어 본 이강선은 크게 감탄하면서 다음과 같은 서문을 지어 주었다.

"지난번에 조선의 사신 김상헌이 자신이 지은 「조천록」을 꺼내어 보여 주었는데, 읽어 보니 식견識見과 지취志趣가 고매하고 흉금과 회포가 시원스러웠다. 두보杜甫와 같은 깊은 생각이 있으면서도 울적한 데로는 빠져들지 않았고, 이백李白과 같은 시원스러움이 있으면서도 방자한 데로는 흐르지 않았으며, 도연명陶淵明과 같은 담박함이 있으면서도 적막한 데로는 빠져들지 않았다. 음률音律이 악기가 울리는 듯하고 대우對偶가 금석과 같이 단단하여 소리가 숲속을 진동시키고 메아리가 구름까지 닿는 듯한 아취가 풍성했다."

사행을 마치고 북경을 떠나 귀국길에 오른 청음은 제남濟南에 이르러 장연등張延登에게 「조천록」을 보여 주면서 서문을 써 달라고 부탁하였다. 장연등은 서문을 써 주는 데에서 그치지 않고, 직접 이를 간행해서 중국에 유포하였다.

그 뒤 청나라의 이름난 학자이면서 신운설神韻說로 이름이 높던 왕사정王士禎은 청음의 「조천록」을 읽어 보고 몹시 감탄하였으며, 역대 시인들의 명시名詩를 뽑아 시선집詩選集을 만들면서 청음의 시 가운데 20여 편을 뽑아 수록하였다.

왕사정이 청음의 시를 시선집에 수록한 덕에 조선의 시인에 대해 잘 모르고 있던 중국 사람들은 청음을 조선의 시인 가운데 가장 뛰어난 시인으로 인식하게 되었다. 이로 인해 훗날 조선 사신을 만난 중국인들이 청음에 대해 물어보거나 청음의 시구를 인용한 시를 지어 사신들에게 주는 경우도 있었다.

신안에서 만난 보졸의 노래
新安步卒歌

보졸들이 어쩜 저리 많이도 오나	步卒何貿貿
신안성서 그들 모습 보게 되었네	相逢新安城
몸엔 백 번 기운 옷을 입고 있으며	身上衣百結
손엔 작은 무기조차 들지 않았네	手中無寸兵
자기들은 본디 요양 백성들인데	自言遼陽民
몇 년 동안 되놈에게 잡혀 있다가	幾年陷腥塵
구사일생 호랑이 입 겨우 벗어나	萬死脫虎口
모장군의 진영에다 이름 올렸네	籍名毛帥府
모장군의 진영에는 양식 부족해	帥府缺軍食
공문 띄워 평양으로 보내었다네	簡書平壤赴
길거리에 떠도는 말 전해 들으니	傳聞道路言
평양에도 창고 모두 비었다 하네	平壤空廩庾
배고픈데 양식 자루 텅텅 비었고	身飢囊橐乏
물집 생겨 걸음조차 걷기 어렵네	足趼行步澁
풀뿌리로 연명한 지 몇 달이련가	草食已累月
들판에서 잠잔 날들 또한 많았네	野宿亦多日

지나가는 길에 있는 주막에 가도	所經投店屋
주막집도 사방 벽만 덩그렇다네	店屋徒四壁
여름 가뭄 가을 해충 이어졌기에	夏旱秋復蝗
농부들은 곳곳에서 통곡을 하니	農夫處處哭
우리에게 어찌 양식 줄 수 있으랴	何能惠我給
자신들 집 끼니 잇기 급급하다네	自家方汲汲
조선 군사 둔전에다 농사지어서	我兵設屯畊
곡식들이 조금 풍년 들긴 했지만	黍稷稍長成
군중에서 소비되는 것이 많으니	軍中費用多
남아 있는 양식 또한 얼마나 되랴	還有幾何贏
오랑캐들 노려본 지 이미 오래라	狂賊蓄銳久
때를 틈타 장차 다시 침입하리니	伺時將再寇
죽을힘을 다해 적과 싸우고프나	欲爲奮擊死
장한 마음 부응할 힘 부족하다네	壯心力難副
산동에는 썩는 곡식 백만 섬이 있다기에	山東紅腐百萬粟
등주 내주 밤낮 보며 배가 오길 기다렸네	日望登萊汎舟役
푸른 바다 망망하여 돛 그림자 끊기었고	滄海茫茫帆影絶
하루에도 백 명이나 굶주려서 죽어 갔네	一日溝渠百人骨
황제 대궐 아득 멀어 아뢸 길이 없거니와	天門萬里不可梯
애처로운 우리 군사 어느 누가 구해 주랴	哀哀士卒誰當恤
요양 한창 번성하던 지난날을 생각하니	憶昔遼陽全盛時

모두가 다 풍족하여 백성들이 안 굶었네　　公私豐足民不饑
오늘날 이역 땅서 굶주린 혼 되었거니　　祇今異域作飢魂
푸른 하늘 우리에게 무슨 원한 있는가　　蒼天蒼天我何冤
발 끝나사 피눈물에 옷이 흠씬 다 젖었네　　辭罷血淚霑衣裙

청음은 인조 4년 1626 6월 말에 사신이 되어 북경을 향해 출발하였다. 이때 청음은 57세로 적지 않은 나이였다.

철산에서 배를 타기 위해 북상하던 청음은 평양을 지나 선천을 향해 가다가 정주定州의 신안관新安館에 도착하였다. 그곳에서 청음은 누더기를 입고 오가는 군사들을 보게 되었다. 모문룡의 진영에 속해 있는 군졸들이었다. 이들의 모습을 보고 애처로운 마음을 금할 수 없었던 청음은, 그들을 불러 헐벗고 굶주리는 사정을 듣고 나서 이 장편의 서사시를 지었다. 5언과 7언으로 이루어진 이 시는 당시 모문룡 진영이 처해 있는 상황을 아주 상세하게 전달하고 있다.

당나라 두보杜甫의 장편시 가운데에는 당시의 사실事實을 그대로 읊은 시가 많은데, 이를 후대 사람들은 흔히 '시로 쓴 역사'라는 뜻에서 시사詩史라고 불렀다. 모문룡 진영의 상황을 그림으로 보듯이 그린 이 「신안에서 만난 보졸의 노래」는 청음의 시 가운데에서 시사라고 평하기에 알맞은 작품이다.

선사포에서

宣沙浦

팔월이라 서풍 불어 푸른 하늘 맑거니와	八月西風玉宇晴
깨끗한 저 한 기운은 사신 지닌 성심일세	澄淸一氣使臣誠
은하수로 길 통하여 별자리가 움직이고	路通河漢星文動
봉래산*에 구름 닿아 상서 기운 비치누나	雲近蓬萊瑞色呈
온 천하가 통일이 될 천재일우 기회이고	四海車書千載會
대궐문서 손뼉 치는 온 만방의 정이라네	九門懽抃萬方情
돌아올 땐 요동 지방 나쁜 기운 말끔해져	歸時直見遼氛廓
늦은 봄의 풍광 속에 압록강 물 맑으리라	春晩烟花鴨水明

인조 4년1626 8월에 평안도 철산의 선사포宣沙浦에 도착한 청음은 배편이 마련되기를 기다리고 있었다. 그때 포구의 객관에 걸려 있는 시를 본 청음은 그 시에 차운하여 서장관書狀官으로 자신과 함께 중국으로 가는 학사 김지수金地粹에게 주었다.

* 봉래산蓬萊山 : 발해 바다 한가운데 있다고 하는 삼신산三神山 중 하나이다. 삼신산은 봉래·방장方丈·영주瀛洲이다.

김지수는 광해군 때 폐모론에 반대하여 함경도 부령富寧으로 귀양 가 있다가 인조반정 이후에 다시 벼슬길에 나온 인물이다. 일반적으로 서장관이란 직책은 문장, 특히 시에 뛰어난 사람을 선발하였는데, 김지수 역시 시문에 뛰어난 사람이었다.

바다 신에게 제사하는 글

祭海神文

바다 신께 삼가 제사 올리옵니다	伏以
하늘까지 닿을 만큼 큰 바다에는	大浸稽天
모든 강의 물이 모두 모여듭니다	百川朝宗
황제께서 황제 자리 앉아 계시니	皇王御極
온 천하의 나라가 다 회동합니다	萬國會同
밝은 데엔 예와 악이 있는 법이고	明有禮樂
어두운 덴 귀신들이 있사옵니다	幽有鬼神
귀신과 사람의 길 사뭇 다르나	神人殊塗
그 이치는 양쪽이 다 똑같습니다	理則惟均
생각건대 황제 있는 대명나라는	洪惟大明
온 천하의 군주 되는 나라입니다	君主四海
덕 있는 이 사모하여 정성 바침을	慕德嚮誼
누가 감히 태만하게 하겠습니까	疇敢或怠
돌아보니 우린 동쪽 제후국으로	顧我東藩
신하 나라 직분 수행 잘했습니다	服事最專

여러 임금 경건하게 정성 바친 지　　列君虔誠
이백 년도 이미 벌써 넘었습니다　　餘二百年
벌레같이 추악한 저 오랑캐들은　　蠢玆醜虜
황제 기강 침범하여 어겼습니다　　干犯皇綱
조공 길을 마음대로 가로막고서　　貢道作梗
승냥이와 같이 성곽 훔쳤습니다　　城郭豺狼
이에 공물 실은 상자 떠받들고서　　輸琛奉篚
배를 타고 사신 길을 가려 합니다　　刳木以達
풍랑 파도 아무 때나 마구 일어나　　風波不期
삶과 죽음 한 터럭에 달렸습니다　　死生毫髮
신령께서 덕을 아니 베푸신다면　　靡神之德
어느 누굴 의지하여 가겠습니까　　誰賴誰依
어찌 감히 제 몸 아껴서겠습니까　　豈敢自愛
나랏일이 잘못될까 겁나섭니다　　王事懼違
마음과 뜻 재계하여 전일케 하고　　齋心一志
공손하게 작은 정성 올리옵니다　　恭獻菲誠
오고 감이 늦어지고 빨라지는 건　　往來淹速
신령님의 뜻에 오직 달려 있으니　　惟神之聽
사납고도 드센 고래 숨을 죽이고　　鯨鯢屛息
교룡들이 몸 숨기게 하여 주소서　　蛟鰐遁形

풍백[*]께선 잘 협조해 우리를 돕고 風伯叶順
천비[*]께선 신령함을 내려 주소서 天妃降靈
신령께서 돌봐 주는 덕 입는다면 蒙神之休
안전하고 편안한 길 될 것입니다 載全載安
그리하면 맹서컨대 아니 잊고서 永矢不諼
영원토록 은혜 기릴 것이옵니다 沒世歸恩
올리는 잔 부디부디 흠향하소서 尙饗

우리나라에서 북경으로 가는 사신 행차는 본디 육로로 의주를 지나 요동 지역을 거쳐 산해관을 넘어 북경으로 들어가는 것이 일반적인 경로였다. 그런데 후금 세력이 요동을 점령한 뒤로는 이 길을 통해 갈 수가 없었으므로 부득이 해로를 통해 가야만 했다.

우리나라 해주에서 배를 타고 산동반도로 가면 뱃길도 짧고 바다도 평온해 가기 쉬웠다. 그러나 명나라는 자신들의 방비 태세가 드러날 염려가 있다는 이유로 이 길로 오는 것을 허락하지 않고, 평안도 철산에서 출발하여 요동반도 아래에 있는 여러 섬을 거쳐 산동반도에 상륙하는 길로 오게 하였다.

철산에서 해로를 통해서 북경에 가는 길은 해주에서 직접 가는 것보

* 풍백風伯 : 바람을 맡은 신으로, 비렴飛廉이라고도 한다.
* 천비天妃 : 바다 신의 이름으로, 천후天后라고도 한다.

다 뱃길이 훨씬 더 멀었으며, 중간에 경유해야 하는 바다는 큰 파도가 넘실대고 암초가 많아 이를 데 없이 험난하였다. 이로 인해 광해군 때에는 유간柳澗, 정응두鄭應斗, 박이서朴彝敍 등이 사신으로 갔다가 돌아오는 길에 풍랑으로 익사하기도 하였다.

배를 타고 험난한 바닷길을 거쳐 가야 하는 청음은 무사히 북경에 도착하여 사신의 임무를 수행할 수 있을지 걱정되었다. 이에 배에 오르기 전에 바다 신에게 제사를 지내, 사신이 가는 길의 파도를 잔잔하게 하여 무사히 중국에서 사신의 임무를 수행하고 돌아올 수 있게 해 달라고 빌었다.

장산도에서 사흘 동안 바람에 막혀 머무르다

長山島阻風三日

외로운 배 사흘 동안 모래밭에 매였는데 孤舟三日繫沙頭
바다 엎는 하늬바람 쉬지 않고 불어오네 倒海西風吹未休
가을 풍경 석양 속에 무한히도 좋으니 秋色夕陽無限好
신선 사는 이 섬에 더 머물러도 괜찮으리 不妨仙島重淹留

밝은 모래 고운 돌에 해당화 핀 물가에 明沙錦石海棠洲
물결치고 구름 흘러 마치 물에 뜬 듯하네 水動雲流勢欲浮
꿈속에서 전에 이곳 와 본 것만 같거니와 夢裏似曾身到此
오늘 하는 이 유람이 진짜인 줄 모르겠네 不知今日是眞遊

선사포를 떠난 청음은 요동반도의 아래에 있는 섬에 들러 머물곤 하였는데, 그때마다 시를 지어 남겼다. 그러다가 장산도長山島에 이르러 바람이 거세게 분 탓에 사흘 동안이나 갇혀 있었다. 넉넉하게 일정을 잡고 왔기 때문에 굳이 서둘러서 갈 필요가 없었던 청음은 장산도의 아름다운 풍경을 만끽하면서 느긋한 마음으로 이 시를 읊었다.

등주에서 국화를 보고 느낌이 있어서

登州對菊有感

팔월이라 서리 내려 국화 향기 풍기거니　八月微霜菊有芳
타향 땅의 나그네는 몇 배는 더 맘 상하네　異鄉爲客倍情傷
멀리서도 알겠구나 고향 집의 울 아래에　遙知故國東籬下
무수하게 국화 피어 땅이 온통 누럴 것을　無數金錢滿地黃

객중에서 가는 세월 몹시 빨리 흐르거니　客裏流光太劇忙
열흘도 채 되기 전에 중양절이 되겠구나　無多十日近重陽
떠나올 때 집 앞에다 손수 국화 심었는데　來時手種堂前菊
어느 누가 그 꽃 따서 술잔에다 띄우려나　誰掇寒香泛酒觴

선사포를 출발한 지 한 달 정도 지나서 청음은 드디어 산동반도의 등주登州에 도착하였다. 등주에 도착하여 처음 본 것은 고향 땅에서도 9월이면 피어나는 누런 국화였다. 국화를 본 청음은 도성을 출발하기 전에 자신이 직접 뜰 앞에 심어 놓은 국화가 생각났다.

이제 얼마 안 있으면 음력 9월 9일 중양절이다. 이날에는 친구들과 어울려 산에 올라가 술잔에 국화를 띄우고 함께 마시면서 시도 읊고 건강도 축원하던 풍습이 있다. 청음 역시 고국에 있을 때 중양절이 되면 친구들과 모여 술잔에 국화를 띄워 마시면서 즐겼다. 그런데 사행을 떠나온 지금은 그럴 수가 없다. 옛일을 생각하던 청음은 보아 줄 이 없이 홀로 피어 있을 고향의 국화를 생각하면서 두 수를 잇달아 읊었다.

등주에서 한밤중에 앉아 있다가 딱따기 치는 소리를 듣다
登州夜坐聞擊柝

딱따기 소리를 뚝딱대다 다시 치는 딱따기 소리 擊柝復擊柝
밤새도록 그치지를 않고 울리네 夜長不得息
어떤 이가 날 추운데 옷이 없으며 何人寒無衣
어떤 군졸 배고픈데 밥을 못 먹나 何卒飢不食
모든 이들 집 안에서 편히 쉬는데 萬家各安室
저 사람만 성 위에 가 숙직하누나 獨向城上宿
어찌 그가 나와 친한 사람이겠나 豈是親與愛
또한 나와 서로 아는 이도 아니네 亦非相知識
그렇지만 불쌍한 맘 절로 일어나 自然同胞義
내 가슴속 측은하단 생각이 드네 使我心肝惻

등주의 객관에 묵던 청음은 한밤중에 군졸이 딱따기를 치면서 순라 도는 소리를 들었다. 당시 명나라는 후금과 전쟁 중이었다. 북쪽으로 요동에 나가 있는 군사도 있었고, 가도에 주둔하고 있는 모문룡의 진영을 후방 지원하기 위해 등주에 주둔하고 있는 군사도 많았다.

청음은 한밤중에 잠도 자지 못하고 순라 도는 군졸이 가여워서 시를 지어 읊었다. 이 시는 청음의 시 가운데 손꼽히는 작품으로, 중국 사람들이 이 시를 보고 "참으로 군자다운 사람이 지은 시다."라고 평했다.

중국 사람 오청천의 시에 차운하다
次吳晴川絶句

객지 생활 서글퍼서 맘 상하기 십상인데	離居悄悄易傷情
다시 맑은 가을에다 달빛 밝은 밤임에랴	更値淸秋月正明
어느 곳서 서풍 속에 옥피리를 불어 대나	何處西風吹玉笛
한꺼번에 흐르는 한 강성 안에 가득하네	一時流恨滿江城

청음은 등주에 머무는 동안 중국의 학자 오대빈吳大斌을 만나게 되었다. 호가 청천晴川인 오대빈은 학식이 매우 뛰어난 인물이었다. 원래 중국 남쪽의 월越 지방 출신인데 어떤 사정으로 고향을 떠나 요동으로 옮겨 살다가 후금이 쳐들어오자 난리를 피해 다시 등주로 내려와 있었다.

타국에 사신으로 온 청음이나 한 곳에 정착하지 못하고 떠도는 오대빈은 서로 비슷한 처지였다. 이에 만나자마자 서로 자신들의 심회를 읊은 시를 지어 주고받으면서 우의를 나누었다. 달빛이 비치는 어느 날 밤, 두 사람이 함께 있을 때 어디선가 피리 소리가 들려왔다. 멀리서 들려오는 피리 소리를 들은 두 사람은 각자 감회를 금할 수가 없었다. 오대빈이 먼저 시를 지어 청음에게 주자 청음이 위의 시로 화답하였다. 오대빈의 시는 다음과 같다.

슬프고도 처량한 맘 주체할 길 없는데	凄凄切切不勝情
아련한 매화꽃이 밝은 달을 희롱하네	恍惚梅花弄月明
고향 소식 끊겼는가 물어보지 마시게나	莫問故鄕音信斷
동풍 불면 하룻밤에 국경까지 닿는다네	東風一夜到邊城

청천 오대빈에게 화답하다
次吳晴川大斌韻

엷은 구름 가벼운 비 소고사의 사당에다　澹雲輕雨小姑祠
국화 피고 난 시드는 팔월 시절이로구나　佳菊衰蘭八月時
지기석은 우녀 놀던 물가 근처 놓여 있고*　機石近依牛女渚
계수 꽃은 광한전*에 가지 낮게 드리웠네　桂花低映廣寒枝
홀로 자다 꿈을 깨니 거친 파도 일렁이고　夢回孤枕鯨濤撼
먼 허공에 바람 불어 기러기 줄 어긋나네　風散遙空鴈列差
끝이 없는 나그네의 시름 풀 길 없던 차에　無限旅愁消不得
그대 시구 나그네 맘 위로해 줘 기쁘구나　喜君詩句慰覊離

* 지기석支機石 은……있고 : 지기석은 직녀가 베틀을 괴었다고 하는 돌이다. '우녀牛女'는 견우의 여자라는 뜻으로 직녀를 가리킨다. 옛날 한나라 때 어떤 사람이 황하의 근원을 거슬러 올라가다가 빨래하는 부인을 만나 여기가 어디냐고 묻자, 그 부인이 여기는 천하天河라고 하면서 돌 하나를 주었다. 그 돌을 가지고 돌아와 박학하기로 이름 높던 엄군평嚴君平에게 물으니 "이것은 바로 직녀가 베틀을 받쳤던 돌이다." 라고 하였다는 고사가 전한다.

* 광한전廣寒殿 : 달 속에 있는 궁전 이름으로, 항아姮娥가 이곳에 산다고 한다.

청음은 등주에 도착하였을 때 등주 곁에 있는 묘도廟島라는 섬에 배를 대었다. 이 섬에는 소고사小姑祠라는 작은 사당이 하나 있었다. 청음을 만나기 위해 묘도로 찾아온 오대빈이 달빛이 내려 비추는 주위의 풍경을 보고 먼저 한 수 읊었다.

천 리 길 온 외로운 배 사당 곁에 대었거니　　千里孤舟傍島祠
조수 잠든 모래밭 가 달빛 밝은 때로구나　　潮平沙畔月明時
사신 오며 받은 왕명 국새 찍어 봉했으며　　使銜王命芝爲檢
나그넷길 고향 꿈엔 국화 가지 가득하리　　旅夢鄕園菊滿枝
하늘 밖서 사신 오매 바다 괴변 사라지고　　天外節旄淸海怪
구름 가엔 누각들이 줄을 지어 서 있구나　　雲邊樓閣望鱗差
물가 나가 눈물 흠씬 흩뿌리고 싶거니와　　臨流欲洒河山淚
감개한 맘 타향 땅이 슬퍼서가 아니라오　　感慨非關愴索離

오대빈의 시를 받은 청음은 위의 시로 화답하였다. 중국의 시인 왕사정은 이 시 가운데 "옅은 구름 가벼운 비 소고사의 사당에다, 국화 피고 난 시드는 팔월 시절이로구나."라는 구절을 명구로 들면서, 다음과 같은 시를 지었다.

옅은 구름 가벼운 비 소고사의 사당에다　　淡雲微雨小姑祠
국화 피고 난 시드는 팔월 시절이라고 한　　菊秀蘭衰八月時

조선 사신 지은 시구 기억하고 있거니와　記得朝鮮使臣語
동국에선 과연 시가 뭔지 안다 하겠구나　果然東國解聲詩

『어양시화 漁洋詩話』「논시절구 論詩絕句」

청음의 이 시 구절은 중국에서뿐만 아니라, 우리나라의 시인들도 명구로 치면서 종종 자신들의 시구에 인용하였으며, 이 시에 얽힌 사연에 대해 말하곤 하였다. 그 가운데 추사秋史 김정희金正喜가 남한산성에 있는 현절사顯節祠를 둘러보면서 지은 시는 다음과 같다.

현절사 사당 앞서 놀던 옛일 기억커니　顯節祠前記舊遊
백 년의 세상사에 시름을 못 견디겠네　百年世事不勝愁
옅은 구름 가벼운 비 아득했던 그곳에는　淡雲微雨依然處
국화 피고 난 시들어 또다시 가을이리　佳菊衰蘭又一秋

『완당전집』 권10 「억오수재 憶吳秀才」

안평중이 살았던 옛 마을을 지나며
晏平仲古里

성인*께선 교제 잘한 이라 칭했고　　聖稱善交人
선비*는 지기 만나 뜻을 폈도다　　士逢知己伸
여섯 자의 작은 키가 무에 대수랴　　何嫌六尺短
만고에 몇 명이나 키가 컸던가　　萬古幾長身

평소에 존경하고 있었거니와　　平生執鞭願
옛 마을서 공경히 예 올리고프네　　欲式舊門閭
푸른 산을 향해 물을 수가 없거니　　青山不可問
어느 곳이 남아 있는 옛터이려나　　何處是遺墟

* 성인聖人 : 공자孔子를 가리킨다. 평중은 중국 춘추시대 제나라의 정치가 안영晏嬰의 자이다. 공자는 안영에 대해 "안평중은 남과 사귀기를 잘하는구나. 오래되어도 공경하였도다.晏平仲善與人交 久而敬之"라고 평하였다.

* 선비 : 조석보趙石父를 가리킨다. 안영이 죄를 짓고 포승줄에 묶여 있는 조석보를 보고는 그가 현자라는 것을 알고 수레에 태워 집으로 돌아왔다. 그리고는 한마디 말도 하지 않은 채 방 안으로 들어가자, 조석보가 절교를 요구하였다. 안영이 이유를 묻자 "군자는 자기를 알아주지 않는 사람에게는 뜻을 굽히지만, 자신을 알아주는 사람에게는 뜻을 펴는 법입니다. 당신께서는 저의 죄를 없애 주었으니 이는 저를 알아준 것입니다. 그런데도 저에게 무례하게 대하였으므로 절교를 요구한 것입니다."라고 하였다. 이 말을 들은 안영은 더욱더 조석보를 공경하면서 극진하게 대접하였다.

다시 길을 떠난 청음은 오늘날의 산동성 유방濰坊을 지나가다가 안평중이 살았던 옛 마을을 들르게 되었다. 안평중은 우리에게 안자晏子로 더 잘 알려진 제齊나라의 정치가 안영이다.

안영은 키가 여섯 자도 채 되지 않을 정도로 아주 작고 볼품이 없는 사람이었다. 초楚나라에 사신으로 갔을 때 초나라에서는 안영이 키가 작은 것을 조롱하기 위하여 조그마한 문을 만들어 놓고 맞이하였다. 그러자 안영이 말하였다.

"개가 사는 나라에 사신으로 왔다면 개가 드나드는 문으로 들어가겠지만, 나는 초나라에 사신으로 왔으므로 개가 드나드는 문으로는 들어가지 않겠다."

이 말을 들은 초나라 사람들은 그의 대범함에 감탄하면서 극도로 존경하였다고 한다. 안영은 이 고사로 인하여 후대에 다른 나라에 사신으로 가 처신을 잘한 대표적인 인물로 일컬어지게 되었다.

임금의 명을 받고 명나라에 사신 오게 된 청음은 외국에 나가 당당하게 사신의 임무를 수행하였던 안평중의 풍모를 그리면서, 그의 사당을 찾아가 참배를 하고 싶었다. 하지만 여러 가지 사정으로 그렇게 하지는 못하고 시를 지어 읊기만 하였다.

제남을 떠나면서

發濟南

구월 되어 제남성의 나뭇잎은 서리 맞고	九月齊城葉隕霜
가을바람 들에 불어 누런 먼지 자욱하네	西風吹野暗塵黃
나그네는 대궐 향해 북쪽으로 길 가는데	行人向闕常依北
기러기는 무리 따라 남쪽 향해 날아가네	旅鴈隨群一趁陽
근력 쉽게 소진되는 늙어가는 이 몸으로	筋力易殫逢老境
말조차도 안 통하는 타향 땅에 들어왔네	語音難慣入他鄉
만 리 길을 내달리는 고생 어찌 사양하랴	驅馳萬里寧辭苦
나랏일은 예로부터 온 사방에 있었다네	王事從來在四方

사행 도중에 거치는 가장 큰 도회지인 제남에 며칠 동안 묵으면서 청음은 부근에 있는 화불주산華不注山, 순舜 임금의 사당, 백설루白雪樓, 대명호大明湖 등의 유적지를 둘러보았다. 또한 제남에 사는 명사名士들과 교제하기도 하였는데, 그중에 장만선張萬選이란 사람도 있었다. 이때 만난 인연으로 청음은 북경에서 사신의 임무를 마치고 돌아올 적에 다시 장만선을 만나 그의 집에 묵었다.

장만선의 아버지 장연등은 중국에서도 이름난 학자였다. 청음은 자신이 지은 「조천록」을 장연등에게 보여 주고 서문을 써 달라고 부탁하였다. 청음의 시를 읽어 본 장연등은 매우 감탄하면서, 다음과 같은 서문을 써 주었다.

"내가 김숙도金叔度 김상헌의 시를 읽어 보니, 일에 감응하는 바가 있고 정에 합치되는 점이 있었다. 정신은 경물과 더불어 잘 어우러지고 기운은 뜻에 따라서 잘 펴졌다. 높이 올라갔으나 조화를 해치지 않았고, 억눌렀으나 격식에 어긋나지 않았다. 너그럽고 온화한 운율韻律이 있었고, 시들고 처지는 음조音調가 없었다."

북경에 들어가다

入京

단봉성*의 성문이 새벽녘에 막 열리니　丹鳳城門向曉開
도성 안에 서린 기상 성대하고 아름답네　皇都氣象鬱佳哉
구름 사이 대궐 처마 날아갈 듯 높이 솟고　雲間北闕觚稜出
눈 온 뒤의 서산에는 맑게 갠 빛깔 있네　雪後西山霽色來
만국에서 온 사절들 받든 예물 줄 이었고　萬國衣冠聯玉帛
구소*에는 패옥 소리 누대 주위 에워쌌네　九霄環珮擁樓臺
높은 곳에 올라가서 연경 모습 적으려니　登高欲紀燕京事
부를 아주 잘 지었던 장형*에게 부끄럽네　却媿張衡有賦才

청음은 등주를 떠난 지 한 달 만에 드디어 북경에 도착했다. 서울을 떠난 지 넉 달 만이었다. 청음은 사신으로 오기 10년 전쯤에 북경

* 단봉성丹鳳城 : 황제가 사는 경성京城을 뜻한다.
* 구소九霄 : 하늘의 가장 높은 곳을 말하는데, 여기서는 황제가 사는 궁궐을 뜻하는 말로 쓰였다.
* 장형張衡 : 후한後漢 때 사람으로 어려서부터 글재주가 뛰어나 문장을 잘 지었으며 오경五經에 통달하였다. 특히 부賦에 뛰어나 「양경부兩京賦」를 지었다.

에 가 황제를 알현하는 꿈을 꾸고 반드시 그 꿈을 이루어보리라고 다짐한 일이 있었는데, 이제 그 꿈을 이루게 된 것이다.

청음이 북경으로 들어간 날은 눈이 내린 뒤라 하늘이 매우 맑았다. 황제가 사는 자금성紫禁城의 치미는 날아갈 듯 높이 솟아 있었고, 거리에는 각국에서 온 사신들이 오가고 있었다. 벅찬 감정을 금할 수 없었던 청음은 처음으로 본 북경의 모습을 시로 읊었다.

옥하관에서

玉河館

누각 소리 낮게 깔려 밤은 끝을 향하는데 玉漏聲沈夜向闌
꿈을 깨자 외론 촛불 아직까지 남아 있네 夢回孤燭尙留殘
객지 회포 쓸쓸하여 돌아갈 맘 절실하고 病懷寥落思歸切
시상은 다 엉클어져 시를 짓기 어렵구나 詩意徘徊着語難
그림자를 마주하여 술잔 들어 자작하다 對影酒杯聊自勸
주렴 걷자 눈 속의 달 홀로 와서 보는구나 開簾雪月獨來看
도산 있는 석실에선 저녁 햇볕 넉넉했기에 陶山石室桑榆足
지난해의 이날 추위 기억하지 못하겠네 不記前年此日寒

북경에 도착한 청음은 조선 사신이 묵는 옥하관에 여장을 풀었다. 명나라는 조선 사신을 특별히 우대하여 다른 나라의 사신과는 달리 이곳에 묵게 하였다. 어느 눈 내리는 밤, 서장관 김지수가 감회가 일어 청음에게 시를 한 수 지어 보냈다.

김지수의 시를 받은 청음 역시 몹시 추운 날 타국의 객관에서 묵는 쓸쓸한 심회를 담아 화답하는 시를 지어 읊었다. 이 시는 사신들이 옥하관에 머물면서 지은 많은 시들 가운데 객지에서 머무는 회포를 표현한 대표적인 작품으로 일컬어진다.

선달 그믐날 밤의 나그네 회포
除夜旅懷

수세해도 가는 해는 아니 머물고	守歲歲不住
임 그려도 임은 역시 멀리에 있네	懷人人亦遐
생각건대 살 날 얼마 안 남았으니	念生餘幾許
즐길 날이 이제부턴 많지 않으리	爲樂摠無多
작은 소망 나에게도 하나 있거니	小願寧非望
남은 생애 집에서 잘 보내는 거네	殘年但在家
어둔 등불 마치 알고 답하는 듯이	暗燈如有報
새벽 되자 지직대며 불꽃 피우네	侵曉自成花

청음은 이번 사행의 남은 임무 만수절萬壽節의 하례 의식을 마친 뒤 모문룡의 일에 대한 황제의 처분을 기다리면서 객관에 머물고 있었다. 그러던 중 섣달 그믐날을 맞았다. 이날 밤에는 친한 사람들과 함께 잠을 자지 않고 밤을 새우는 풍습이 있는데, 이를 수세守歲라고 한다.

청음은 한 해의 마지막 날인 이날 밤에 자신의 나이를 헤아려 보았다.

이제 하룻밤만 지나면 환갑에 더 가까운 나이가 된다. 이런저런 생각을 하던 청음은 객지를 떠돌지 않고 집에서 편안하게 만년을 보내고 싶다는 생각이 들었다. 청음이 이런 소원을 빌 때 마침 깜빡이며 졸고 있던 등불이 답이라도 하듯 지직대며 불꽃을 키웠다. 이 시는 객지에서 섣달 그믐날을 맞은 나그네의 심정을 잘 그려낸 작품이다.

한식

次寒食日客中韻

시름 구름 아득하게 겹쳐 잔뜩 쌓였고　　愁雲漠漠結層陰
가는 비 부슬부슬 저녁 숲을 적시누나　　小雨霏霏濕晚林
문 닫아건 집집마다 저녁연기 차갑거니　　門掩萬家烟火冷
이런 오늘 몇몇이나 고향 생각 젖으려나　　幾人今日故鄕心

청명
清明

주렴 밖에 봄 짙어서 제비들이 날고 있고　　簾外春陰燕子飛
살구꽃 핀 정원에는 실 같은 비 내리누나　　杏花深院雨如絲
풍광 이리 좋은데도 고향 땅에 못 돌아가　　風光正好不歸去
춘삼월의 청명 시절 이 좋은 때 저버리네　　孤負淸明三月時

황제의 칙서가 내리기를 기다리며 옥하관에 머무는 동안 또 여러 달이 흘러 한식寒食과 청명淸明이 되었다. 사행을 위해 처음 도성을 떠난 뒤로 객지에서 보낸 세월이 벌써 여덟 달이나 된 것이다. 고향에 대한 그리움을 금할 수 없었던 청음은 잇달아 시를 읊어 심회를 쏟아 내었다.

제 5 장

나랏일에 온 마음을 다하다

제5장 나랏일에 온 마음을 다하다

청음은 인조 5년 1627 에 황제의 조서를 받들고 북경에서 돌아와 복명하였다.

서울로 돌아온 청음은 자신이 사신으로 오가면서 경유한 지역의 산천과 고금의 유적, 백성들의 풍속을 기록하고, 이것을 그림으로 그린 「조천지장도 朝天指掌圖」를 만들어 뒷날 사신으로 가는 사람들이 참고할 수 있게 하였다.

북경에서 돌아온 청음은 곧바로 대사간에 임명되었는데, 이때 오랑캐들에 대한 방비책을 진달하였다. 얼마 뒤에 병조 참판에 임명되었다가 도승지가 되었고 같은 해 11월에 다시 대사간에 제수되었다. 인조 6년 1월에 유효립 柳孝立 의 모반 사건이 일어났을 때 국문에 참여하였으며, 이어 형조 판서로 승진되었다. 이후 대사헌, 의정부 우참찬, 도승지 등을 역임하였다.

인조 7년 10월에 대사헌으로 있던 중 목성선 등을 논죄하고 탄핵하였다가 임금의 뜻을 거슬러 파직되었다.

인조 8년 겨울에 예조 판서가 되었으며, 다음 해에 도승지가 되었다. 인조 9년에 정승의 물망에 올랐으나 최명길 등의 반대로 제수되지 못하였다. 인조 10년에 이조 판서로 있던 이귀에 대해 '임금의 총애를 믿고 대신들을 침해한다'는 내용으로 탄핵하였다가 견책을 당하자 벼슬에서 물러나 석실로 들이갔다.

인조 11년에 함경 감사에 임명되었으나 취임하지 않았다. 인조 12년에 당시 영의정으로 있던 윤방尹昉이 병이 나자 "김상헌은 굳세고 정직하니 크게 쓸 만한 인재다."라고 하면서 청음을 영의정에 천거하였으나 인조는 그 청을 따르지 않았다.

청음은 석실로 들어간 이후 3년 동안 다섯 번 대사헌에 임명되었고, 부제학과 대사성에도 임명되었으나, 모두 사양하거나 잠시 출사하였다가 곧바로 물러났다.

또 인조 14년 봄에 청음은 홍문관 대제학과 예문관 대제학에 제수되었으나 의리상 청나라에 굽실거리는 글을 지을 수가 없다는 이유로 극구 사양하여 체임되었다.

그리고 얼마 뒤에 예조 판서에 제수된 청음은 차자를 올려 청나라 군사를 막을 방책에 대해 진달하였고 이해 여름에 이조 판서에 제수되었다. 8월에 유백증兪伯曾을 논핵하였는데, 인조가 유백증을 편들면서 청음에게 엄한 내용의 전지를 내렸다. 그러자 청음은 곧바로 벼슬에서 물러나 다시 석실로 들어갔다.

강홍립의 관작을 회복시키지 말라고 청한 계사
政院啓辭

강홍립의 관작을 회복시키고 호조에서 장사를 지내는 데 필요한 물품을 지급해 주라고 명을 내리셨습니다.

신들이 삼가 생각건대, 강홍립은 도원수가 되어 사직에 제사를 올린 뒤에 군사를 거느리고 가라는 명을 받고 국경을 나갔습니다. 그런데도 기꺼운 마음으로 오랑캐에게 항복하였는가 하면, 적을 이끌고 들어와 나라를 침범하여 임금이 되려는 뜻을 가졌습니다.

강홍립의 죄는 역적 유예劉豫*와 똑같고 그 악은 적신 한윤韓潤*보다 심하니, 실로 천하의 난적 중에서도 가장 심한 자입니다. 그런데도 국가에 법이 없고 올바른 의견이 시행되지 않아 처벌이 가해지기 전에 제집에서 지레 죽었으므로, 이에

* 유예劉豫 : 송宋나라의 장군으로, 금나라가 제남을 공격하였을 때 수령을 죽이고 항복하여 괴뢰 정권인 대제大齊의 왕이 되었으며, 금나라에 송나라를 치도록 여러 차례 권유하였다. 이후 역적의 대명사가 되었다.

* 한윤韓潤 : 이괄과 함께 난을 일으킨 한명련韓明璉의 아들이다. 이괄의 난이 실패로 돌아가자 후금으로 도망쳐 이미 후금에 투항해 있던 강홍립의 휘하에 들어갔다. 정묘호란 때 후금이 공격해 오는 일을 주도했다.

신명과 사람의 통분이 극에 달했습니다.

지금 만약 그의 관작을 회복시키고 장사를 지내는 데 부의賻儀까지 한다면, 앞으로 어떻게 신하들에게 충성을 권장하고 천하의 악행을 징계할 수 있겠습니까? 임금의 말은 한번 내려지면 그 영향력이 막중한 법입니다. 신들은 감히 전지를 받들 수가 없습니다. 삼가 죽음을 무릅쓰고 진달합니다.

인조 5년 1627 5월에 북경에서 돌아온 청음은 대사간과 도승지를 거쳐 병조 참판에 제수되었다. 이때 강홍립이 죽었다.
강홍립은 광해군 때 명나라와 후금이 벌인 심하의 전투에 명나라의 원병으로 참전했다가 후금에 패배하여 항복한 자였다. 후금으로 들어간 강홍립은 정묘호란 때 후금 군대를 이끌고 우리나라로 쳐들어왔다가 후금과의 화친이 성립된 뒤에도 계속 머물러 있다가 얼마 지나지 않아 죽었다.
강홍립이 죽자 조정에서는 그의 관작을 회복시키자는 논의가 있었다. 이에 청음은 위의 계사를 올려 강홍립과 같은 자의 관작을 회복시켜 줄 경우 천하 사람들을 권면할 길이 없으니 절대로 관작을 회복시켜 주어서는 안 된다고 하였다. 그러나 조정에서는 후금과의 관계가 악화될 것을 염려하여 강홍립의 관작을 회복시켰다.

중국의 물화를 오랑캐에게 주지 말기를 청한 차자
請勿以中國物貨與虜箚

삼가 아룁니다. 오늘날 우리나라가 오랑캐와 화친한 것은 부득이한 형세 때문입니다. 중국에서 이를 들어도 분명 부득이해서 그런 것임을 알 것입니다.

다만 생각건대, 부득이한 것 가운데 부득이하지 않은 일이 있으니 무엇이겠습니까? 이미 화친을 한 이상 사신이 왕래하고 시장을 열어 물품을 매매하는 것은 어쩔 수 없는 일입니다. 그렇지만 중국의 물화를 국가에서 오랑캐 사신에게 나누어 주고 상인들이 장사하는 것은 어쩔 수 없는 일이 아닙니다.

옛날부터 변경에서 교역하는 방법은 모두 토산물을 내놓고 있는 물건과 없는 물건을 바꾸는 것이었습니다. 어찌 멀리에서 외국의 기이한 물품을 사다가 오랑캐의 욕심을 채워 주어 무궁한 폐단을 낳는 경우가 있었겠습니까.

폐단의 근원을 막지 않는 것만으로도 나라의 정책으로서 좋다고 할 수 없는데, 하물며 대의가 지극히 엄하고 후환이 지극히 큰 문제를 깊이 생각하여 잘 조처하지 않아서야 되겠습니까.

신의 어리석은 생각으로는, 오랑캐 사신에게 주는 것과 변경에서 교역하는 것을 모두 토산물로만 주거나 매매하고, 중국 물품을 주거나 파는 것을 일절 금하여 훗날의 폐단과 걱정거리를 끊어야 한다고 봅니다.

사람의 마음은 형세상 부득이한 것에 대해서는 늘 용서해 주지만, 그만둘 수 있는데도 그만두지 않는 것에 대해서는 노여워하는 법입니다. 중국 조정에서 우리나라가 적당히 친선 관계를 유지하기 위해서 그러는 것임을 알고 나면, 형세가 부득이해서라는 것을 알고 용서해 줄 수도 있을 것입니다.

그러나 만일 우리나라가 중국 물화를 가지고 오랑캐와 교역한다는 말을 듣는다면 반드시 크게 노하여 절교할 것입니다. 만약 지난번에 도독 모문룡이 무고했던 말과 불행히도 서로 부합하게 된다면, 신은 조정에서 장차 무슨 말로 중국에 변명할 수 있을지 모르겠습니다.

오늘날에 의논하는 자들은 대부분 흉포한 오랑캐는 아주 가까이에 있어 그 형세가 두렵고, 중국 조정은 관대하여 결코 우리를 책망하지 않을 것이라고 합니다. 그러나 신은 그렇지 않다고 여깁니다.

신하가 임금을 섬기는 것은 아들이 아비를 섬기는 것과 같습니다. 어찌 부모의 자애로움을 믿고서 공경하고 삼가는 것을 태만히 할 수 있겠으며, 도적의 침입이 두려워 대의를 돌아

보지 않을 수 있겠습니까? 중략

삼가 바라건대 성상께서는 하찮은 신의 충정을 받아들여 특별히 조정에서 충분히 강구해서 잘 조처하게 해 후회할 일이 없도록 하소서. 신은 주제도 모른 채 망령된 말을 올렸으니 엄한 처벌을 받아 마땅합니다. 몹시도 황공하고 두려운 마음을 금치 못하겠습니다. 결정을 내려 주시기 바랍니다.

정묘호란이 끝난 뒤인 인조 5년 1627 5월에 북경에서 돌아온 청음은 곧바로 후금의 사신이 국서國書를 가지고 나온다는 소식을 들었다. 당시에 모문룡은 가도에 주둔해 있으면서 우리나라에 대해 좋지 않은 감정을 가지고 있었다. 청음은 모문룡이 후금 사신이 나온다는 사실을 탐지해 북경에 보고하고 평안도로 나와 후금의 사신을 공격하는 일이 있을까 걱정하였다. 그래서 차자를 올려 오랑캐의 사신을 거절해 후환을 없애기를 청하였다.

그해 12월에 청음은 다시 사헌부 대사간에 제수되었는데, 이때 중국의 물품을 후금의 사신에게 선물로 주거나 국경 지역에서 매매하는 정황을 알게 되었다. 청음은 모문룡이 이러한 사실을 탐지하고 다시 중국 조정에 글을 올려 우리나라를 무고할까 걱정되었다. 이에 이 차자를 올려 중국의 물화를 후금에 주지 말라고 청하였다. 인조는 몹시 가상하게 여기면서 차자를 조정에 내려 의논해 조처하게 하였다.

은계역에서
銀溪驛

젊은 시절 말 몰 적에 왕존*을 본받으며　　少年叱馭效王尊
이 길을 내 일찍이 몇 번이나 오갔던가　　此路曾經幾往還
오늘 다시 구절양장 험한 고개 올라 보니　　今日重攀九折險
이 늙은이 근력으론 어려운 걸 알겠구나　　白頭筋力試應難

청음은 63세 되던 해인 인조 9년 1631 3월에 명을 받들고 함경도 영흥永興에 있는 준원전濬源殿에 가서 태조 대왕의 영정이 잘 보존되어 있는지를 살펴보았다. 영흥은 태조 이성계李成桂가 태어난 곳이고, 준원전은 그의 태胎를 묻었던 자리에 세운 전각이다.

준원전으로 가기 위해서는 험준한 철령鐵嶺을 넘어가야 했다. 청음은 이 고개를 젊은 시절 고산도 찰방과 경성도호부 판관이 되었을 때 넘었다. 세 번째로 이 고개를 넘어 회양淮陽에 있는 은계역에 도착한 청음은 노쇠해진 자신을 돌아보면서 탄식한다.

* 왕존王尊 : 한漢나라 때 사람으로 나랏일을 위해 험난한 곳도 마다하지 않고 갔던 사람이다.

어디에 있을 때 술을 잊지 못할까

何處難忘酒

어디에 있을 때 술을 잊지 못할까	何處難忘酒
빈 서재에 홀로 깨어 있을 때라네	空齋獨起時
뜰과 지붕 고요하여 달빛은 밝고	月明庭宇靜
새벽이슬 축축하여 옷이 차갑네	衣冷露華滋
골육들은 천애 멀리 떨어져 있고	骨肉天涯隔
전원 모습 꿈속에서 몹시 그립네	田園夢裏思
이러한 때 술을 한잔 안 마신다면	此時無一盞
무슨 수로 슬픈 마음 위로를 할꼬	何以慰心悲

어디에 있을 때 술을 잊지 못할까	何處難忘酒
외론 신하 멀리 유배 가 있을 때네	孤臣遠謫時
풍상 겪어 얼굴빛은 초췌해지고	風霜顏色悴
옷소매엔 눈물 흔적 남아 있다네	衣袖淚痕滋
변방 길엔 짙은 안개 잔뜩 끼었고	苦霧關山道
고향 생각 간절한데 등불은 조네	殘燈故國思
이러한 때 술을 한잔 안 마신다면	此時無一盞

무슨 수로 슬픈 마음 위로를 할꼬 何以慰心悲

이 시는 백낙천白樂天의 시 「어디에 있을 때 술을 잊지 못할까何處難忘酒」를 모방하여 지은 것이다. 많은 시인이 백낙천을 모방하여 같은 제목으로 시를 지었다. 청음은 첫 번째 시에서 술 생각이 가장 간절한 때는 객지를 떠도는 나그네가 빈 방에서 혼자 깨어 있을 때라고 하였다. 두 번째 시에서는 외로운 신하가 먼 변방에 유배되어 있을 때라고 하였다. 이러한 때에는 누구라도 술 한잔이 없으면 슬픈 마음을 이기지 못할 것이다. 술 생각이 간절한 때를 잘 포착하여 지은 이 시는 청음의 문학적 재능을 엿볼 수 있는 작품이다.

청음이 이 시를 언제 지었는지는 분명치 않다. 다만 문집에 실린 순서로 볼 때, 인조 12년 1634 에 청음이 대사헌으로 있다가 면직되어 석실에 머물던 시기에 지은 것으로 추정된다. 당시에 청음의 조카인 김광현金光炫이 부제학으로 있으면서 인조의 생부인 원종元宗을 추숭하는 것에 찬동한 유백증을 심하게 논박하였다가 인조의 노여움을 사 함경도 삼수三水로 유배되어 있었는데, 이 시는 혹 귀양 가 있는 조카를 생각하며 지은 것은 아닐까?

청평산으로 들어가다
入山

숲을 뚫고 골짝 들자 길은 꾸불꾸불한데	入洞穿林路百廻
꽃 저편에 신선 사는 누대 멀리 보이누나	隔花遙見有仙臺
붉은 벼랑 푸른 절벽 겹겹으로 겹친 곳에	丹崖翠壁重重處
한 줄기의 은빛 시내 눈 뿜으며 흘러오네	一道銀川噴雪來

청평산 골짜기를 나오다
出峽

봉수산의 앞머리서 비에 옷 다 젖었거니　鳳岫山前雨滿衣
소양강의 강가에는 물 이제 막 불어나네　昭陽江上水初肥
어느 누가 용면* 솜씨 가진 사람 시켜서　誰教好事龍眠手
외로이 배 타고 갔다 돌아오는 날 그릴꼬　畫我孤舟出峽歸

청평산은 강원도 춘천에 있는 오봉산五峯山을 말하는데, 이 산에 청평사淸平寺라는 절이 있으므로 청평산이라고도 한다.

청음은 66세 되던 해인 인조 13년1635 3월에 대사헌에 제수되었다. 그러나 인조가 자신의 말을 들어주지 않는 것을 보고는 "나아가서 할 말을 다하지 못하느니 차라리 물러나는 것으로써 간하겠다."라는 내용으로 사직상소를 올리고 나아가지 않았다.

석실에 머물던 청음은 3월 8일에 석실을 출발해 육로를 통해 가평을 지나 석파령席坡嶺을 넘어 춘천으로 갔다. 춘천에서 요선당邀仙堂과

* 용면龍眠 : 송나라 때 화가인 이공린李公麟의 호인데 산수와 불상을 잘 그린 것으로 유명하다.

소양정昭陽亭을 본 다음 11일에 청평사로 들어가 머물다가 13일에 산을 나왔으며, 17일에 석실로 돌아왔다. 청음은 이때의 유람을 기록하여 「청평록淸平錄」을 남겼다. 여기에는 간단한 여행기와 몇 편의 시가 수록되어 있다.

청나라의 침입에 대비하기를 청한 차자
西路設鎭分兵便否箚

삼가 아룁니다. 신이 일전에 성상 앞에서 하찮은 견해를 망령되이 진달하였습니다. 그런데 전하께서는 신의 우직한 충정을 헤아리시어 엉성하고 망령되다고 배척하지 않으시고, 친히 옥음玉音을 내려 신의 말 가운데 채택해 쓸 만한 것이 없지 않다고 하셨습니다. 신은 감격스러운 마음이 일면서 만에 하나라도 시행될 가망이 있을 것이라고 여겨, 감히 조목별로 타당한 대처 방법을 적어 성상께서 살펴보실 수 있도록 올립니다. 성상께서는 굽어살펴 주시기 바랍니다.

오랑캐와 화친한 것만 믿고 있을 수 없다는 것은 오늘에 와서야 알 수 있는 것이 아닙니다. 비록 조만간 병란이 일어날 것이라고는 할 수 없으나, 그렇다 하더라도 위험하고 위태롭습니다. 그런데 나라에서는 종묘사직의 안위를 안주安州 한 성의 승부에만 걸고 있으니 어찌 한심하지 않겠습니까.

오랑캐들이 만약 해서海西 지방을 넘어 들어오게 된다면 어찌할 도리가 없는 상황이 될 것입니다. 신의 생각으로는, 관서關西 지방에 세 개의 큰 진鎭을 설치하고서 도원수는 자모성慈母城*을 지키게 하고, 부원수는 철옹성鐵甕城*을 지키게 하고, 평안도의 병사兵使는 안주성을 지키게 해야 합니다. 그런 다음 관서를 셋으로 나누어 세 진에 소속시키고, 속읍屬邑에서 징예로운 군민軍民과 용간한 무사를 선발하여 격려하고 훈련시켜, 때맞추어 교대하면서 자기 지역을 지키게 한다면 반드시 큰 도움이 될 것입니다.

그러나 군사의 수가 적고 힘이 약하여 오랫동안 강한 적을 막기는 어려울 것입니다. 그러니 유사시에는 황해도의 군사로 자모성을 구원하고, 함경남도의 군사로 안주성을 구원하고, 함경북도의 군사로 철옹성을 구원하게 하되, 안주성이 공격을 받을 때는 자모성과 철옹성이 함께 구원하게 하고, 철옹성이 공격을 받을 때는 안주성과 자모성이 또한 그렇게 하도록 해야 합니다.

또한 대신이나 중신 가운데에서 충성스럽고 위엄이 있는 자를 가려 뽑아 평양에 보내 주둔하면서 세 진을 통제하게 하되, 멀리서 꼭 모든 일을 다 제어하지는 말게 하고, 전쟁에 임했을 때 주저하고 동요하여 군율을 어기는 자가 있으면 왕명을 청하여 군법을 시행하게 해야 합니다.

또 삼남三南 충청도·경상도·전라도과 강원과 경기의 군사를

* 자모성慈母城 : 평안북도 자산慈山에 있는 산성이다.

* 철옹성鐵甕城 : 평안북도 영변寧邊에 있는 산성이다.

뽑아서 무기를 정비하게 하고 위급할 때 즉시 불러서 왕궁을 호위하게 해야 합니다. 그리고 도원수가 평안 감사를 겸하여 거느릴 경우에는 세 진에 소속된 요해처의 수령을 간혹 주장主將이 천거할 수 있게 하는 것도 아울러 의논해야 합니다.

이상에서 말한 것이 그 대략으로, 줄이거나 더하여 가다듬는 것은 오직 조정에서 깊이 생각하고 충분히 강구하며, 성상께서 잘 살펴보고 시원스럽게 결단하는 데에 달려 있습니다.

혹자는 "계획이 이미 늦어서 화급한 재앙을 막을 수 없을 것이다."라고도 합니다. 그러나 목이 마를 때 우물을 파고 급한 병에 3년 묵은 쑥을 찾는 것이 그래도 가만히 앉아서 죽기를 기다리는 것보다는 나을 것입니다. 만약 현재와 같은 상황에서 지금의 계획을 바꾸지 않는다면, 결국 어찌할 수 없게 될 것입니다. 신의 어리석은 마음은 너무도 간절하여 감히 이렇게 죽음을 무릅쓰고 거듭 아룁니다. 결정을 내려 주시기 바랍니다.

인조 5년1627에 후금이 무방비 상태인 조선에 쳐들어와 정묘호란이 일어났다. 속수무책으로 당한 조선은 후금과 형제의 맹약을 맺어 후금의 군사를 물러가게 함으로써 사태를 일단락 지었다.
이후 강성할 대로 강성해진 후금은 명나라를 칠 군대를 보내라고 조선에 요구하는 등 온갖 압박을 가해 왔다.

청음은 병자호란이 일어나던 해인 1636년 3월에 대제학에서 체차된 다음 예조 판서에 제수되었다. 그런데 당시 청나라의 사신으로 나온 자가 자신을 대우하는 것이 형편없다고 화를 내면서 청나라의 국서를 전하지 않은 채 되돌아간 일이 발생하였다. 이에 조정에서는 몰래 엿본 청나라 국서의 내용을 바탕으로 답변 보고하는 서찰을 써서 무마하려고 하였다. 이에 대해 청음은 결단코 그렇게 해서는 안 된다는 내용으로 차자를 올렸다.

이후 청나라와의 관계가 점점 더 틀어지면서 험악한 상황으로 변해 장차 그들이 침입해 올 우려가 있었다. 이에 청음은 위의 차자를 올려, 청나라의 침입에 대비한 계책을 세울 것을 촉구하였다.

청음의 차자를 본 인조는 알았다고만 답하고 후속 조치는 제대로 취하지 않았다. 이후 청음은 이조 판서로 있던 중 8월에 유백증의 일을 논하였다가 인조의 질책을 받고 직위에서 물러나 석실로 돌아갔다. 그리고 이해 12월에 병자호란이 일어났다.

청백리의 선발에서 빼 주기를 청한 상소
廉謹玷選懇乞削名疏

삼가 아룁니다. 전하께서 세상의 도를 깊이 걱정하고 잘못된 풍속을 바꾸시고자 청렴결백한 사람들의 이름을 높이 게시해 풍속을 가다듬을 바탕으로 삼으시니 이는 아주 성대한 거조입니다. 그런데 지금 조정에서 신의 이름을 선발 명단에 끼워 넣었습니다. 신은 그 말을 들은 뒤로 부끄러운 마음에 몸 둘 바를 몰랐으며, 이어 놀랍고 괴이하게 여기면서 탄식하였습니다.

신은 조정에 들어온 지 이미 40년이 되었는데, 사람이 못나서 뭇사람들의 뒤를 따르기만 했지, 한 가지 일도 다른 사람보다 뛰어난 것이 없었습니다. 성품 또한 나약해서 평소의 뜻을 잘 지키지 못하였습니다. 예전의 습속을 그대로 따르다 보니 이미 후회한 잘못을 또다시 저질렀으며, 자취는 제멋대로이고 마음은 막혀서 통달하지도 못하였으며 지조를 지키지도 못하였습니다.

이것은 같은 조정에 있는 사람들이 다 아는 바이며, 항간의 사람들이 다 떠들어대는 바입니다. 신이 아름다운 이름을 훔쳐 조정을 속이려 해도, 안으로는 마음에 부끄럽고 밖으로는 남들에게 부끄럽습니다. 그러니 관청에 들어오고 길을 나다닐 적에 어찌 얼굴을 들 수 있겠으며, 벗들을 만나고 아전들을 대할 때 어찌 얼굴을 보일 수 있겠습니까?

비록 그렇기는 하지만, 이것은 단지 신 자신의 처신을 가지고 말한 것일 뿐입니다. 조정에서 드물게 내리는 은전이 신 때문에 오점이 있게 되었고, 조정과 민간의 간절한 바람이 신 때문에 어그러지게 되었습니다. 신이 형편없기는 하지만 결단코 받아들여서는 안 된다는 것을 잘 알고 있습니다.

삼가 바라건대 성상께서는 밝으신 눈으로 신이 털끝만치도 거짓으로 사양하는 뜻이 없음을 살펴, 속히 신의 이름을 명단에서 삭제하소서. 그리하여 성대한 전례典禮를 소중히 하고, 어리석은 신의 분수를 편안하게 하소서. 신은 간절한 마음에 황공스럽고 급박한 심정을 금치 못하겠습니다. 삼가 죽음을 무릅쓰고 아룁니다.

인조 14년1636 여름에 청음은 이조 판서에 제수되었다. 이때 청백리에 선발되어 특별히 숭정대부崇政大夫로 승진하였다. 청백리란 마음이 청렴하고 결백한 관리를 가리키는 말로, 여기에 선발되는 것은 관원으로서 크게 영광스러운 일이었다. 청음은 자신이 청백리로 선발되기에는 부족하다고 하면서 이를 사양하였다. 그러나 인조는 청음의 사양에도 불구하고 청백리 명단에서 빼는 것을 허락하지 않았다.

청음은 벼슬살이하는 동안 매우 청렴결백하게 처신하였다. 청음이 청백리에 선발된 뒤에 어떤 관원이 자기 아내가 뇌물을 받아 비방을 받는 일이 있었다. 그 관원이 이에 대해 걱정을 하자 청음은,

"아내의 청탁을 한 가지도 들어주지 않으면 비방이 그칠 것이다."

하니, 그 관원이 크게 깨닫고 청음의 말대로 하였다. 그러자 관원의 아내가 청음을 욕하였다.

"저 늙은이가 저만 청백리가 되었으면 그만이지 왜 남까지 본받게 하여 나를 이렇게 고생시키는가."

전원으로 돌아가다

歸田

평생토록 꿈은 오직 한 언덕에 있었는데　　夢想平生在一丘
머리가 센 오늘에야 돌아와서 쉬게 됐네　　白頭今日始歸休
향 피우고 말 잊은 채 조용히 앉아 있자　　焚香宴坐忘言處
구름 절로 무심하고 물은 절로 흐르누나　　雲自無心水自流

인조 14년1636 여름에 사간 조경趙絅이 상소를 올려 정승 홍서봉洪瑞鳳을 논핵하였는데, 말이 자못 심각하여 소란을 불러일으켰다. 그러자 유백증이 경연 석상에서 공론을 빙자하여 대놓고 조경의 편을 들었다.

청음은 유백증이 시세에 편승하여 제멋대로 논의하는 것을 미워해 차자를 올려 논핵하였다. 이에 대해 임금이 유백증을 편들면서 엄한 내용의 전지를 내려 청음을 특별히 체직시켰다. 그러자 청음은 조정에서 물러나 석실로 돌아갔다.

인조반정 이후에 조정으로 나간 청음은 청서파淸西派*의 영수領袖가 되어 자신의 뜻을 펼치려 하였다. 그러나 인조반정의 공신들이 주로 속한 공서파功西派*가 정국을 주도하고 있어서 자신의 뜻을 펼 수 없었다.

그 이후 병자호란이 일어나기 얼마 전부터 청음은 청나라와 화친하는 것을 배척하는 척화파斥和派의 영수가 되었으나, 이귀와 최명길 등이 주축이 되어 청나라와의 화친을 주장한 주화파主和派가 당시 정국을 주도하고 있어 자신의 뜻을 펼칠 수가 없었다. 이로 인해 청음은 조정에 있는 동안에도 조정을 떠나 석실로 들어갈 뜻을 여러 번 가졌었다. 청음은 이번에 석실로 들어와서는 다시는 조정으로 돌아가지 않으리라 다짐하였다. 평상시에 늘 꿈꾸던 것을 머리가 다 센 지금에서야 겨우 이룬 것이다. 한가롭게 지내던 어느 날 혼자 우두커니 앉아 바라보니 산 위의 구름은 말없이 흘러가고 그 아래의 강물도 말없이 흘러갔다. 모든 것이 한가롭고 좋기만 하였다. 시 한 수 짓지 않을 수 없었다.

* 청서파淸西派 : 인조반정에 참여하지 않고 정계에 진출한 인물들로, 중심인물은 김상헌, 신흠申欽, 오윤겸吳允謙, 김상용 등이었다.

* 공서파功西派 : 인조반정에 참여하여 정계에 진출한 인물들로, 중심인물은 김류, 심기원沈器遠, 이귀, 김자점金自點 등이었다.

여강*에서 상주로 부임하는 동생 중정과 이별하면서
驪江別舍弟仲靜赴商山

갈림길서 헤어짐이 못내 아쉬워	臨歧惜分手
여강까지 와서 서로 전송하누나	相送至驪江
서글퍼라 뱃머리를 돌리는 곳서	惆悵回舟處
두 눈에 눈물 줄줄 흘리고 있네	還垂淚一雙

팔월이라 강줄기는 물결 하얗고	八月江湖白
외로운 배 새벽빛에 싸늘하구나	孤舟曉色寒
함께 가다 나누어져 나는 기러기	分飛一行鴈
남북으로 양쪽이 다 처량하구나	南北兩辛酸

용추*에선 달그림자 외로울 거고	龍湫月影孤
석실에선 솔 소리가 흐느끼겠지	石室松聲咽

* 여강驪江 : 경기도 여주 근처를 지나는 남한강을 말한다. 예전에 서울에서 상주로 가는 사람 중에는 배를 타고 한강을 거슬러 올라가 여주를 지나 충주에서 내려 조령鳥嶺을 넘어서 가는 사람이 많았다.
* 용추龍湫 : 상주에 있는 계곡 이름으로, 경치가 아주 좋은 곳이다.

인간 세상 맘 쓰라린 때는 언젠가 人間苦心處
머리가 센 형제 서로 이별할 때네 白首鴒原別

병자호란이 일어나기 얼마 전에 청음의 동생 김상복이 상주 목사에 제수되었다. 중정仲靜은 김상복의 자이다. 다른 형제들보다 김상복에 대한 정이 유독 애틋하였던 청음은 상주로 부임하는 동생을 전송하기 위해 한강에서 배를 타고 함께 여주驪州까지 왔다. 이제 이곳에서 서로 헤어져 청음은 석실로 돌아가고 동생은 상주로 길을 떠나야 한다. 동생과 이별하게 된 청음은 아쉬움을 금할 수 없어서 세 편의 시를 잇달아 읊었다.

제 6 장

국서國書를 찢고 통곡하다

제6장 국서國書를 찢고 통곡하다

정묘호란 이후 후금에 대해 조선의 여론은 날이 갈수록 악화되어, 급기야 후금에 선전 포고를 하려는 움직임까지 일어나기 시작했다.

인조 14년1636 국호를 '청淸'으로 바꾼 후금은 조선의 동정이 심상치 않음을 알아차렸다. 이에 청 태종은 몸소 전쟁에 나설 것을 결심하고 같은 해 12월 1일에 12만 명의 대군을 이끌고 직접 조선을 침략했다. 이것이 병자호란丙子胡亂이다. 12월 8일에 압록강을 건넌 청나라의 선봉장은 임경업林慶業이 백마산성白馬山城에 주둔해 있다는 것을 알고는 이를 피해 서울로 신속하게 진격하였다.

청나라 군대가 압록강을 건너 침입했다는 의주 부윤 임경업의 장계狀啓는 12월 12일에 조정에 도착하였다. 13일에는 청나라 군대가 이미 평양에 도착했다는 급보가, 14일에는 청나라 군대가 개성을 지났다는 급보가 전해졌다.

당황한 조정에서는 강화도로 들어가 항거하기로 결정하였으나, 청나라 군사들이 강화도로 통하는 길을 막자 길이 막힌 인조는 우선 이조 판서 최명길을 홍제원에 있는 청군 진영으로 보내 출병의 이유를 물으면서 시간을 지연시키도록 하는 한편, 소현세자와 백관을 대동하고 남한산성으로 들어갔다.

양주의 석실에 머물던 중에 청나라가 친입하여 인조가 남한산성으로 들어갔다는 소식을 들은 청음은 곧바로 남한산성으로 들어갔다.

그는 척화론을 주장하면서 결사 항쟁할 것을 역설하였으나 인조는 최명길을 주축으로 한 화친론자들의 의견에 동조했다. 그리고 결국 삼전도三田渡에 주둔해 있던 청 태종에게 나아가 '성하城下의 맹약盟約'을 맺고서 청나라에 항복하였다.

인조가 남한산성을 내려가던 날, 청음은 인조를 따라가지 않고 있다가 며칠 뒤에 안동의 풍산으로 향하였다. 인조는 청음을 다시 불러 올려 정승으로 삼고자 하였으나, 당시 조정을 장악하고 있던 최명길에 의해 저지되었다. 이후 화친파들은 청음이 인조를 따라 남한산성에서 내려오지 않고 풍산으로 돌아간 일을 격렬하게 비난하면서, 청음을 귀양 보내라고 아뢰었다. 하지만 인조는 귀양 대신 청음의 관작만 빼앗았다. 그리고 얼마 뒤에 다시 관작을 회복해 주었다.

남한산성에서 있었던 일-「연보」의 기록*

남한산성으로 들어간 청음은 곧바로 인조에게 면대를 요청하였다. 1636년 2월 18일에 인조를 면대한 자리에서 인조가 말했다.

"나랏일이 이 지경에 이르렀으니 다시 무슨 말을 하겠는가."

청음이 아뢰었다.

"이 지경에 이르렀으니 모든 일에 대해 말할 필요가 없습니다. 다만 눈앞의 일을 어떻게 처리해야 할지 모르겠습니다. 오늘날의 형세는 화친으로 적을 물리쳐야 마땅합니다. 그러나 예부터 전쟁을 치르지 않고 화친이 제대로 맺어진 적은 없습니다. 그리고 적들의 욕심이 끝이 없는데 어떻게 전투에 대비하지 않고 화친에만 의존하겠습니까.

성을 지키는 병사를 나누어 배치하고 여러 도의 근왕병勤

* 병자호란 당시 남한산성에서의 청음의 행적은 『청음집』의 「연보年譜」에 상세하게 기록되어 있다. 그러나 「연보」의 기록은 일반적인 연보의 편찬 형식에 따라 조목별로 기록해 놓은 탓에 당시의 전반적인 상황을 정확하게 파악하기 어렵다. 이 글은 「연보」의 기록을 근간으로 하되 『인조실록』과 『승정원일기』를 참조하여 재구성한 것이다.

王兵이 모이는 사이에 우선 적병을 묶어 두는 것이라면 괜찮지만, 적의 수가 실제로 얼마나 되는지 모르는 상태에서 계속 화친을 청하기만 하고 방비를 하지 않는다면, 적은 우리나라가 허둥대며 어찌할 줄 모르는 모습을 보고 기세를 올려 곧바로 대군을 보낼 것입니다.

지금 계책을 세울 적에 우리 쪽에서 반드시 싸우겠다는 태세를 보여 주어야 적이 부담을 느끼게 될 것입니다. 성상께서 어떻게 마음을 정하셨는지 모르겠습니다."

"우리나라가 아무것도 믿을 것이 없는 상황이니, 어떻게 해야 하겠는가?"

"나라가 이 지경에 이르게 하였으니, 신하들의 죄에 대해 다시 무슨 말을 하겠습니까. 이제부터 다시 도모하는 것이 어떻겠습니까? 만약 그들의 말대로 다 들어주다 보면 이리와 같은 적의 욕심이 끝이 없을 것이니, 비록 왕세자를 보내더라도 반드시 한층 더 높은 요구를 할 것입니다. 신하들을 책려하여 '화친'이라는 말 때문에 일이 잘못되지 않도록 하소서.

전날 성안에 있던 사람들은 성상께서 장수들을 격려하셨다는 소식을 듣고 모두 고무되었는데, 얼마 지나지 않아 성상께서 다시 화친을 논하셨다는 소식을 듣고 모두 맥이 빠졌습니다. 그리고 적이 성 아래에 이르렀지만, 화친하는 일이 잘못될까 두려워 감히 변고를 알리는 포도 발사하지 않았다고 들었습니다. 이렇게 하고도 성을 지킬 수 있겠습니까.

전하께서 신을 부리신 지 오래되었습니다만, 신은 본래 사리에 어두운 유자儒者인 까닭에 평소에 변변한 계책이 없었습니다. 앞서 말씀드린 대로 '반드시 싸우겠다는 태세를 보인 뒤에야 화친이 굳건해질 수 있다.'라는 계책을 쓰는 것이 어떻겠습니까?"

"그대의 말이 옳기는 하지만, 감당할 만한 장수가 없으니 어찌하겠는가?"

"인재가 없다고 여기지는 마소서. 오늘날의 사람도 옛날 사람과 똑같습니다. 어찌 쓸 만한 사람이 없겠으며 군졸들 가운데 장수로 쓰기에 적합한 사람이 어찌 없겠습니까. 반드시 우리 쪽에서 싸우겠다는 태세를 보인 뒤에야 적이 전투를 중지할 것입니다."

"그 말이 매우 합당하다."

"성을 지키는 군졸 각자가 충성스러운 마음을 가지고 있으니, 별도로 훈시하여 사기를 더욱 고조시키소서. 만약 성상의 뜻이 확고하게 정해진다면, 군신 상하가 모두 마땅히 한마음이 되어 적을 막을 것입니다. 나랏일이 이 지경에 이르니, 상께서 결국 화친으로 인해 일을 그르치실까 매우 두렵습니다. 우리 측에서 저들의 요구를 곧바로 들어주면 저들이 한층 더 높은 요구를 하여 결국 화친이 성사될 수 없다는 것을 실로 잘 알 수가 있습니다. 급히 전투태세를 갖추게 하소서."

"내가 무능해 경이 이런 일을 당하였으니 어찌하겠는가?"

"아랫사람들의 죄입니다. 지난 일을 말해 봤자 소용없습니다. 이제부터라도 속히 전투태세를 갖추어서 적이 두려움을 느끼고 먼저 화친을 청하도록 하소서."

인조는 청음과 면대하는 동안 자세를 똑바로 가다듬고 청음의 말을 경청하였다. 청음이 면대를 마치고 물러 나오자, 이시매李時楳가 이어 들어가서 아뢰었다.

"조정은 체통을 잃고서 의견만 분분할 뿐 결정을 내리지 못하고 있습니다. 사람들은 모두 김상헌이 진정시켜 주기를 바라고 있습니다. 김상헌만이 분분한 의논을 조용히 진정시킬 수 있을 것입니다. 성상께서는 그가 제시한 계책을 일관되게 따르고, 절대로 다른 의견에 동요되지 않으셔야 합니다."

이시매의 말을 들은 인조는 청음을 다시 예조 판서로 삼았다. 이때 이미 조정에서는 최명길을 비롯한 화친파들이 청나라와 화친해야 한다고 주장했고 대부분의 신하는 이에 동조하고 있었다.

19일에 대신 이하 관원들이 면대를 요청하여 세자를 청나라의 군영에 인질로 보내고자 하였다. 이 소식을 들은 청음은 곧바로 비변사로 나아가 힐책하였다. 그러자 영상 김류가 종묘사직을 위하여 부득이한 일이라고 답하였다. 그 말을 들은

청음이 몹시 질책하면서,

"종묘사직에 주인이 없으면 어떻게 종묘사직이 될 수 있겠습니까. 어찌 신하가 앞장서서 왕세자를 외적에게 내주자는 의논을 할 수 있단 말입니까. 저는 이런 의논을 낸 사람들과는 함께 살아 있을 수 없습니다. 상공께서는 곧바로 다시 들어가 스스로 앞서 말한 계책이 잘못되었음을 진달하여야만 할 것입니다. 그렇지 않으면 충신과 의사들 가운데 반드시 팔뚝을 내지르며 떨쳐 일어나는 자가 있을 것입니다."

하였는데, 말투가 엄하고 매서워서 좌우에 있던 사람들이 모두 목을 움츠렸다. 김류는 두려운 마음에 진땀을 흘리면서 어찌할 줄을 몰라 하며 합문에 나아가 대죄하였다. 세자가 볼모로 가는 것이 이로 인해 늦추어졌다. 이로부터 조정의 의논이 조금 꺾였으나, 청음을 또 다른 적국을 대하듯 미워하였다.

인조는 청음의 말 때문에 화친을 결정하지 못한 채 남한산성에서 버티고 있었다. 그러는 사이에 청나라 태종이 이끄는 대군은 남한산성 아래에 진을 치고 간간이 남한산성으로 대포를 쏘아 위협하는 한편, 각지에서 남한산성을 향해 올라오는 조선의 군사들을 공격하여 올라오지 못하도록 하였다. 그리고 남한산성 안으로 국서를 보내어 항복하라고 위협하면서 회답을 요구하였다.

청나라에서 이때 보내온 국서에는 '황제皇帝', '초유招諭한다' 등의 말이 있었다. 이는 청나라와 우리나라를 군신君臣 관계로 규정하는 것으로, 우리나라로서는 받아들이기 어려운 치욕적인 말이었다. 이를 두고 회답하는 국서를 어떤 내용으로 작성할 것이냐에 대한 신하들의 의견이 대립하였다. 화친론을 주도하던 최명길은 곧바로 답서를 보내야 한다고 주장하면서 이렇게 아뢰었다.

"저들이 보내온 국서에 이미 불러서 타이른다는 뜻의 '초유'라는 글자를 썼으니, 우리가 답서를 보내면서 형제라고 한다면 저들은 필시 받지 않을 것입니다. 그리고 저들이 군대를 이끌고 멀리까지 온 것은 반드시 우리나라를 항복시켜서 형제 관계를 군신 관계로 바꾸려는 의도에서입니다. 지금 만약 군신 관계로 칭하지 않는다면 우리나라는 반드시 멸망하고 말 것입니다."

이에 대해 청음이 아뢰었다.

"지금 비록 답서를 보내더라도 저들은 노여움을 풀지 않을 것입니다. 그리고 저들의 국서에서 이미 황제라고 칭했다면, 이는 군신 관계를 맺으려는 의도입니다. 군신 관계를 맺고 나면 저들은 반드시 우리나라로서는 들어주기 어려운 요구 조건을 들고나와 갖가지로 우리를 핍박할 것입니다. 그러니 결단코 군신 관계를 칭하는 말로 답서를 보내서는 안 됩니다."

청음이 이어서 아뢰었다.

"우리나라가 비록 약하기는 하지만, 나라 사이의 전쟁은 강약만을 가지고 성패를 논할 수 없습니다. 성상께서는 하늘에 지은 죄가 없습니다. 그러니 오랑캐의 국서를 국내에 반포하지 말고, 삼군의 군사가 한마음으로 일제히 분발하여 오랑캐들을 칠 수 있게 하소서. 그러면 저 오랑캐들을 무찌를 수 있을 것입니다."

청음과 최명길이 이처럼 다투었으나 내심 이미 화친을 생각하고 있었던 인조는 최명길의 말에 따라 답서를 보내기로 결정하고 신하들에게 답서를 짓게 하였다. 정축년1637 1월 2일의 일이었다.

답서를 지으라는 명령을 받은 신하들은 대부분 한사코 거부하였으므로, 화친론의 선봉에 섰던 최명길이 답서를 짓게 되었다. 그런데 최명길이 지은 답서 가운데에는 청 태종에게 살려 달라고 애걸하는 내용이 많이 들어 있었다. 그 답서를 본 청음은 반도 채 읽기 전에 격분을 이기지 못하여 통곡하면서 국서를 찢어 버렸다. 그리고는 최명길에게 말하였다.

"공은 여러 대에 걸친 명문가의 자손으로서 어찌 차마 이런 짓을 한단 말입니까? 뒷날에 지하에 가서 선친을 무슨 면목으로 뵙겠습니까?"

"대감의 말씀이 옳기는 합니다. 그러나 이는 부득이한 상황에서 나온 것입니다. 대감이 찢었으니 저는 줍겠습니다. 나라에는 마땅히 항복하는 국서를 찢는 사람이 있어야 합니다. 그러나 또한 이를 주워 수습하는 사람도 있어야 하는 법입니다."

"오늘의 이 일은 공이 책임져야만 할 것입니다."

말을 마친 청음은 곧바로 인조에게 면대를 요청하였다. 인조를 면대한 청음은 분기가 가슴에 가득 차 눈물만 줄줄 흘릴 뿐 말을 하지 못하였다. 한참 뒤에 조금 진정되자 비로소 아뢰었다.

"신이 병으로 조정에서 물러나 있다가 지금 들어와 비변사에서 저들에게 답하는 국서를 보고 저도 모르게 통곡하였습니다. 명분은 어지럽혀서는 안 되는 것입니다. 어찌 성상께서 차마 이런 일을 하시리라고 생각이나 했겠습니까.

군신 상하가 함께 성을 지키다가 만약 하늘의 보살핌을 입는다면 혹 뭔가 도모해 볼 수 있겠지만, 하루아침에 이렇게 하고 나면 더는 아무것도 할 수 없게 됩니다. 그런데 오늘날 군신들이 이 점은 생각하지 않고 성급하게 문서를 작성하여 스스로 명분을 어지럽혔습니다. 앞으로 저들이 만약 군신의 의리를 지켜 성 밖으로 나와 항복하라고 요구하면 끝내 성에서 나가지 않을 수 없을 것입니다.

그러나 이것은 오히려 염려할 바가 못 됩니다. 국가가 패망하는 길은 한 가지만이 아닙니다. 설령 이렇게 해서 겹겹의 포위를 벗어날 수 있더라도, 앞으로 명분에 관해 어찌 할 말이 있겠습니까. 신이 울분을 이기지 못하고 문서를 찢어 버렸으니 신의 죄는 만 번 죽어 마땅합니다. 일흔이나 먹은 신이 이 나이에 더 바랄 것이 뭐가 있어서 구차히 살기를 도모하겠습니까. 속히 죽여 주소서."

인조가 한참 동안 탄식하다가 "경이 한 말이 옳기는 하다." 라고 하였다. 그러자 청음이 다시 아뢰었다.

"이렇게 해서 성상과 세자께서 위난에서 벗어날 수 있다면 그래도 해볼 만하겠지만, 결단코 벗어나기 어렵다는 것을 신은 잘 알고 있습니다. 지금 만약 사졸들을 격려하여 죽을 각오로 싸운다면, 하늘이 보우하고 역대 왕들께서 돌봐 주실 것입니다."

"위로는 종묘사직을 위하고 아래로는 신민을 위해 어쩔 수 없이 이런 일을 하는 것이니, 망극한 내 마음이 어찌 끝이 있겠는가. 만약 경의 말대로 실제로 아무 보탬이 되지 않는다면 이 일은 참으로 중요하지 않은 일일 것이다. 그렇지만 혹시라도 이렇게 해서 위기를 벗어날 수 있다면, 어찌 다행한 일이 아니겠는가.

앞으로의 일을 미리 알기 어려우니, 과연 경의 소견이 맞을지, 아니면 혹자의 말이 맞을지 참으로 알 수가 없다. 위로는 역대 왕들이 있고 아래로는 신민이 있는데, 부형父兄과 백관, 공자公子와 왕손이 모두 한 성에서 해를 당하게 될 참이다. 만약 이렇게 해서라도 요행히 벗어날 길이 생기기만 한다면 얼마나 좋겠는가.

화친하는 것이 어찌 내 일신을 위해서 하는 것이겠는가. 경의 논의는 정정당당하니 훌륭한 말이라 할 만하다. 그러나 생각해 보면 옛사람들도 어찌 생각 없이 이러한 일을 하였겠는가. 다만 내가 일찍 죽지 못해 오늘날 이런 일을 보게 된 것이 한스럽다."

"성상께서 부형과 백관을 위하여 살길을 찾는다고 하셨는데, 지난 역사를 살펴볼 때 적병이 성 아래까지 이르렀는데도 벗어날 수 있었던 것이 몇 번이었습니까? 이번 경우가 바로 그때와 흡사하니, 경솔하게 함부로 결정해서는 안 됩니다. 성을 굳게 지키면서 군량이 바닥날 때까지 버티면 혹시라도 벗어날 수 있는 다른 길이 없지는 않을 것입니다."

"어떻게 벗어날 수 있단 말인가?"

"장담할 수는 없지만, 하늘이 화를 내린 것을 후회하여 외적이 군대를 퇴각시킨다면 벗어날 수 있을 것입니다. 그리고 고금 천하에 망하지 않는 나라는 없었습니다. 만약 군신이 굳게 지켜 뜻을 확고히 한다면, 비록 망하더라도 무엇이 부끄럽겠습니까.

지금 형세가 궁박하고 역량이 부족하다고 해서 급한 나머지 이렇게 한다면, 천하가 무어라 하겠으며 후세에 또 무어라 하겠습니까. 만약 대신들이 찬동하고 조정의 논의가 완전히 정해졌는데 신이 감히 다른 논의를 하는 것이라면, 이 고립된 성에 들어와 죽지 않은 것만도 다행입니다. 신처럼 망령되이 논의하는 자를 속히 주이소서."

"경의 말이 그르다는 것이 아니니 그런 말은 하지 말라. 경의 소견이 유독 명철하므로 이러한 것을 알 수 있는 것이다. 그러나 성에 가득한 사람들은 모두 이렇게 해서 만에 하나라도 살 수 있기를 기대하고 있다. 그러니 허사로 돌아갈 것이라고 핑계를 대면서 화친을 하지 않을 수는 없다."

"무익한 줄 알면서도 해야만 하는 일이 있고, 유익한 줄 알면서도 해서는 안 되는 일이 있는 법입니다. 화친은 결단코 해서는 안 됩니다."

"무익하지만 할 만한 일이란 무슨 일인가?"

"저들이 만약 왕자와 대신을 인질로 보내라고 한다면 이는 할 만한 일이고, 해마다 조공을 바치고 땅을 떼어 달라고 한다면, 그 또한 할 만한 일입니다. 그러나 지금 저들은 성상께 산성을 나오라고 요구하고 있습니다. 만약 한 번 굴복하고 난 뒤에 군신의 의리를 고집하면서 멋대로 명령을 내린다면, 장차 어찌하겠습니까?"

"혹 그렇더라도 하늘이 화를 내린 것을 후회한다면, 그래도 벗어날 수 있다."

"온 성의 신민들이 화친을 바란다고 말하는 것은 강화講和를 이르는 것입니다. 만약 강화보다 굴욕적인 항복이라면 민심이 모두 분개할 것입니다. 설령 이 일이 성사되어 온 성의 신민들이 혹 살 수 있을지는 몰라도, 지존께서는 결코 보전하실 수 없을 것입니다."

"경은 내가 산성을 나가 항복할까 염려하는 것인가? 나는 결단코 산성을 나가지 않을 것이다."

"신도 이미 알고 있으나 최명길이 지은 글 가운데 '머리털을 뽑아 세어 가며 죄를 뉘우친다.'라는 말이 있습니다. 이것이 대체 무슨 말입니까? 신이 끝까지 다 읽지 못하고 찢어 버렸습니다. 무익하다는 것을 알면서 이러한 명분을 허락한단 말입니까?"

"이렇게 해서라도 벗어날 수 있기를 바라는 것이다. 산성을 나간다면 그날이 바로 나라가 망하는 날일 텐데, 어찌 따를 수 있겠는가."

"이것은 산성을 나가게 되는 한 과정입니다. 안으로 인심이 분열되고 밖으로 적들이 거세게 몰아붙일 경우, 성을 나가지 않고 어쩌겠습니까. 당장 이런 일을 보게 될 것입니다."

"죽음을 택하면 택했지, 결단코 그것만은 하지 않을 것이다."

"성상의 뜻이 정해졌다면 지금 결단해야 합니다. 최명길이 지은 국서가 전해진 뒤에는 명분을 이미 허락한 것이 됩니다. 그럴 경우 어찌 감히 다시 할 말이 있겠습니까. 여염의 필부도 죽을 각오를 한다면 위급한 상황을 면할 수 있지만, 만약 거짓으로 허락한다면 끝내 어찌 면할 수 있겠습니까.

지금 이 문서를 보내면 성안의 사기가 흩어질 것이 분명합니다. 그럴 경우 전하께서 비록 스스로 힘쓰고자 하시더라도 누구와 함께하겠습니까. 종묘사직의 존망이 여기에서 결판날 것입니다."

청음의 말을 들은 인조는 청음의 요청을 들어주지 않은 채 물러가라고 명하였다. 이때 청음의 말이 간절하고 측은하였으며 말하면서 눈물을 줄줄 흘렸으므로, 입시해 있던 신하들 가운데 눈물을 흘리지 않는 이가 없었다. 세자가 성상의 곁에서 목을 놓아 우는 소리가 문밖에까지 들렸다.

청음의 강력한 반대에도 불구하고 인조는 곧바로 청나라에 답서를 보냈다. 청나라는 화친에 앞서 그동안 척화를 주장하였던 자 두세 명을 잡아서 보내라고 요구하였다. 조정에서는 잡혀가기를 자원하는 사람들을 보내기로 하였다. 청음은 아래의 차자를 올려 자원하였다.

당초에 맹약을 맺지 못하도록 가장 먼저 주장한 자가 신이라고 감히 말하지는 못하겠습니다. 그러나 오늘날 신이 조정에서 극력 간쟁하면서 항서를 보내지 말자고 청하였습니다. 그리고 항서 가운데 신하로서는 차마 볼 수 없는 곳이 있어서 신은 저도 모르게 통곡하고 손으로 그 초안을 찢어 버렸습니다. 그러니 화친을 반대한 죄는 신이 모면하기 어렵습니다.

차자를 올린 뒤 청음은 관을 벗고 대궐 문 밖에 짚을 깔고 그 위에 엎드려 적에게 끌려가 죽게 해 달라고 청하였다. 화친을 결정한 조정에서는 척화한 신하로 누구를 잡아 보낼지 의논하는 한편, 화친의 맹약을 어떻게 맺을 것인가에 대해 의논하고 있었다.

이즈음에 조정에서 내심 믿고 있던 강화도가 청나라 군사에게 함락되고 많은 사람이 포로로 잡혔다는 소식이 전해졌다. 강화도가 함락되었다는 소식을 들은 화친론자들과 인조는 청나라에 완전히 항복하기로 결정하고 항서降書를 청나라 측에 보냈다.

항서를 보낸 조정에서는 청나라에 포로로 보낼 대상자를 논의하였는데 청음은 나이가 너무 들어서 보낼 수가 없다고 하면서, 윤집尹集과 오달제吳達濟를 보내기로 결정하였다.

청음은 거적자리 위에 엎드려 있으면서 여러 날 동안 물 한 모금 마시지 않고 있었다. 그러다가 자신이 청나라로 잡혀갈 경우 기운이 없으면 청나라 태종을 향해 꾸짖는 말을 할 수 없을 것이라고 여겨 억지로 음식을 먹었다. 그러던 차에 자신이 잡혀갈 대상에서 제외되자, 통분을 이기지 못하여 자결하고자 방 안에 들어가 목을 매었다. 때마침 청음을 찾아온 조정 신하가 이를 발견하고 곧바로 구하여 자결에 실패하였다.

청음의 자결 시도를 들은 백성들은 모두 놀라고 탄식하며 눈물을 흘렸다. 화친론자들은 "임금이 항복하여 청나라 태종 앞에서 무릎을 꿇고 절을 하게 되었는데, 신하된 자가 임금을 따라가 함께 무릎을 꿇지는 못할망정 오로지 자신의 명예만을 중히 여겨 자결을 시도하였다."라고 하면서 맹비난하였다. 이에 대해 당시의 사관은 다음과 같이 기록하였다.

사신은 논한다. 무너져 가던 강상綱常과 절의가 정온鄭蘊과 청음 두 사람 덕분에 다시 일으켜 세워졌다. 그런데 이들을 미워하는 자들은 임금을 버리고 나라를 배반했다고 손가락질하면서 비난하고 있다. 어찌 저 하늘이 내려다보고 있지 않겠는가.

청나라와 사신을 통해 항복하는 절차를 정한 인조는 1월 30일에 결국 남한산성의 성문을 열고 삼전도로 가서 청 태종 앞에서 삼배구고두三拜九叩頭의 예를 행하고 치욕적인 '성하城下의 맹약'을 맺었다. 삼배구고두란 세 번 절을 하면서 한 번

절을 할 때마다 땅바닥에 세 차례 머리를 내려 찧는 굴욕적인 예였다. 땅바닥에 머리를 아홉 번 찧은 인조는 이마에서 피가 철철 흘렀다.

나의 큰형님 우의정 선원 선생의 행장
伯氏右議政仙源先生行狀

전략 선생께서 강화도에서 순절할 적에 기미를 아는 자들은 이미 패할 것을 걱정하면서 "선생께서는 어찌하여 미리 배를 준비해 두어 위급한 사태에 대비하지 않습니까?"라고 하였는데, 선생께서 탄식하면서 "주상께서 적에게 포위되어 안위安危조차 알 수가 없으며, 종묘사직의 신주와 원손元孫이 모두 이곳에 있으니, 만에 하나라도 불행한 사태가 일어난다면 죽음이 있을 뿐이다. 어찌 구차하게 살아남고자 하겠는가." 하였으니, 선생의 마음은 평소에 이미 정해져 있었다. 아아, 애통하고도 애통하다.

처음에 선생이 죽었다는 소식이 전해졌을 때 사대부들은 모두 애통해하면서 "선생이 어찌 참으로 죽었겠는가. 훌륭한 사람이 어찌 이 지경에 이른단 말인가." 하였으며, 얼마 뒤에는 다시 애통해하면서 "선생은 참으로 죽지 않았을 것이다." 하였으며, 어떤 이는 "죽음이 참혹하지 않았으면 충렬忠烈을 드러낼 수 없었을 것이다. 어찌하여 불행하게도 하늘이 준 수명을 다 누리지 못하고 죽어, 몸은 국가의 영광이 되었으나 개인적으로는 한없는 슬픔을 남겨 주었단 말인가." 하였다.

나는 선생보다 열 살 아래였는데도 평소 병약하였으며, 선생은 기운이 왕성하고 음식을 잘 드셨으므로 백 세까지 사실 것으로 여겼다. 나 상헌은 세상 사람들에게 버려진 뒤 요행히 시골에서 오래도록 숨어 살 수 있었으니 선생께서 마침내 은퇴를 허락받았다면 말년의 즐거움을 함께 누릴 수 있었을 것이다. 그런데 일이 어그러져 남은 생에 선생을 모시지 못하게 되었다. 게다가 몸이 병들어 쓰러져 시신이 쌓여 있는 곳에 가서 선생의 시신을 찾아보지도 못하였다. 살아서는 형제간이었으나 죽어서는 아무런 상관이 없는 행인처럼 되었으니, 하늘이여, 어찌 이러실 수가 있단 말입니까. 아아, 애통하고도 애통하다.

선비가 평상시에 옛사람의 글을 읽으며 이마를 치고 손뼉을 치면서 절의節義에 대해 떠들어 대다가도 갑자기 변고를 만나면 전혀 말한 대로 실천하지 않는 자가 있다. 노복이나 선생의 손자인 수전壽全은 일개 천인이고 어린아이에 불과하였으니, 힘써 옛일을 상고하거나 평소에 의리를 강론해 본 적이 없었다. 그런데도 이들은 난리를 만나서도 마음을 달리 먹지 않은 채 죽음 보기를 고향으로 돌아가는 것처럼 여겼다. 이 어찌 천성과 인륜에 유감이 없는 것이 아니겠으며, 또한 평상시 접한 것에 감화되어 그럴 수 있었던 것이 아니겠는가. 임금의 명을 팽개치고 늙은 어미를 버려둔 채 머리를 감싸 쥐고 쥐새끼처럼 도망친 자들과 비교해 본다면, 과연 어떠한가. 후략

청음의 큰형님인 김상용의 자는 경택景擇이고, 호는 선원仙源이다. 병자호란이 일어난 초기에 김상용은 인조의 명을 받아 대군大君과 비빈들을 거느리고 먼저 강화도로 들어갔다. 이때 조정에서는 검찰사 김경징金慶徵과 주사 대장 장신張紳에게 강화도를 방어하게 하였는데, 이 둘이 서로 화합하지 못한 탓에 방비를 위한 적절한 조처를 할 수 없었다.

김경징은 적들이 절대 강화도로 진격할 수 없을 것이라고 여겨 방비책을 세우지 않고 매일 술에 취해 지냈다. 이에 김상용이 김경징을 불러서 준엄히 꾸짖었다.

"너의 아버지는 임금을 모시고 남한산성에서 적에게 포위되어 위기가 코앞에 닥쳐 있다. 네가 설령 임금의 고난은 걱정하지 않는다 쳐도 너의 늙은 아버지마저 생각하지 않는 것이냐? 네가 지금 어떤 임무를 맡고 있는데, 감히 이러느냐?"

김경징은 당시에 정승으로 있던 김류의 아들이다. 김상용의 꾸짖음을 들은 김경징은 화를 벌컥 내면서 "저보고 대체 어쩌란 말입니까?" 하면서 대들었다.

1월 22일에 적병들이 드디어 강화도로 건너 들어오자, 섬 안에 있던

사람들이 크게 두려워하였다. 어떤 사람이 패할 것을 걱정하면서 김상용에게 말하였다.

"선생께서는 어찌하여 미리 배를 준비해 두어 위급한 사태에 대비하지 않습니까?"

그 말을 들은 김상용은 탄식하면서 말하였다.

"주상께서 적에게 포위되어 안위조차 알 수가 없으며, 종묘사직의 신주와 원손元孫이 모두 이곳에 있으니, 만에 하나라도 불행한 사태가 일어난다면 죽음이 있을 뿐이다. 어찌 구차하게 살아남고자 하겠는가."

성이 장차 함락되려고 할 때 김상용은 일이 이미 틀린 것을 알고서 집안사람과 작별 인사를 하고 입었던 옷을 벗어 하인에게 주면서 이르기를,

"네가 만일 온전히 살아나거든 이 옷을 아이들에게 전하여 뒷날 허장虛葬할 도구로 쓰도록 하라."

하였다. 허장이란 죽은 사람의 시신을 찾을 수 없을 때 죽은 사람이 남긴 물품을 가지고 장사 지내는 것을 말한다. 김상용은 곧바로 남문으로 가서 화약 상자에 걸터앉았다. 김상용이 곁에 있던 사람에게

"가슴이 답답하여 담배를 피우고 싶으니 불을 가져오라."

하였다. 그 사람은 김상용이 담배를 피우지 않는다는 것을 알고 있었으므로 가져오지 않았다. 김상용은 다시 불을 가져오라고 재촉하고는, 이내 손을 내저어 곁에 있던 사람들을 멀리 피하게 하였다.

김상용의 손자인 수전은 나이가 열세 살로 이때 김상용을 따라가 곁에 있었다. 김상용이 노복에게 아이를 데리고 나가라고 하니, 수전이 김상용의 옷깃을 잡고 눈물을 흘리면서 "할아버지를 따라가야지, 제가 어디로 간단 말입니까?" 하였으며, 노복 역시 떠나가지 않았다. 잠시 뒤에 상용이 상자 속에 불을 던지니 그 자리에 있던 사람들과 성문이 남김없이 모두 날아갔다. 병자호란이 일어난 지 한 달 남짓 지난 1월 22일의 일이었다.

술에 취해 부르는 노래

醉後歌

가는 세월 베틀 북이 오가는 듯 빠르거니	歲月忽忽如飛梭
인생 백 년 산다 한들 얼마나 더 남았으랴	人生百年能幾何
가슴속의 응어리진 한을 없앨 수 없거니	胸中磊磈不可掃
술 서너 잔 마신 뒤에 다시 크게 노래하네	三杯酒後且高歌
내게 한 자 길이 되는 날카로운 칼 있다면	我有一尺秋水刀
곧장 가서 오랑캐 왕 머리 싹둑 베고 싶네	直欲往取單于頭
또 간사한 아첨꾼의 목을 싹둑 베고 난 뒤	又欲斫斷奸佞臣
그 무리들 왕법으로 모두 처단하고 싶네	竝與支黨行王誅
그리고 또 하늘 위의 은하수를 끌어와서	又欲倒挽天河水
우리 삼한 천고 수치 말끔하게 씻고 싶네	淨洗三韓千古恥
간신들은 벨 수 없고 은하수는 저리 높아	奸臣未斫河漢高
장한 뜻을 못 이룬 채 머리 온통 하얘졌네	壯志無成頭雪白
머리 위의 하얀 눈을 어찌할 수 없거니와	頭雪白無可奈何
하늘 향해 울부짖고 길게 한 번 통곡하네	仰天長吁一慟哭

인조가 청나라에 항복하기 위해 남한산성에서 내려가던 날, 청음은 몸을 움직일 기력이 없었다. 다른 사람의 부축을 받아 겨우 밖으로 나가 길가에 선 청음은 산성을 내려가는 인조의 행차를 멀리서 바라보며 절하고 통곡하였다. 이튿날 큰형님 김상용이 강화도에서 순절하였다는 소식을 들었지만 강화도로 달려가 형님의 시신을 수습할 수 없었다.

인조가 성에서 내려간 지 7일 뒤에 청음은 남한산성에서 내려와 자신의 가족이 있는 석실로 가지 않고 곧바로 안동의 풍산으로 향하였다. 풍산으로 내려간 청음은 청원루에 머물다가 다시 근처의 학가산으로 들어가 야인처럼 지냈다. 청음은 그때 자신의 호에 오랑캐 나라의 국호인 '청淸' 자가 들어 있는 것을 싫어하여, 서간노인西磵老人이라고 호를 고쳤다.

산속에서 지내던 청음은 어느 날 술을 잔뜩 마시고 취하였다. 술에 취하자 호기가 불어났다. 칼 한 자루만 있다면 오랑캐 나라로 가서 오랑캐 왕의 머리를 싹둑 자르고, 이어서 조정에 있는 아첨꾼들의 머리도 싹둑 잘라서, 오랑캐에게 당한 치욕을 말끔히 씻고 혼탁해진 조정을 깨끗하게 할 것이다. 그러나 현실은 그렇지 못하고 나는 이미 머리가 허연 늙은이가 되었으니 그저 하늘을 향해 울부짖으면서 통곡만 할 뿐이다. 「술에 취해 부르는 노래」는 청음의 기개와 절망을 잘 표현한 노래이다.

행년
行年

나의 나이 예순 여덟 되었거니와　　行年六十八
친구들은 날로 죽어 사라져 가네　　親故日凋喪
모두들 다 화려한 집 버려둔 채로　　紛紛棄華屋
서로 좇아 황천으로 돌아들 갔네　　逐逐歸黃壤
한번 가면 다시 오지 아니하나니　　一去不復來
저승 세계 즐거운 줄 내 알겠구나　　應知地下樂
세상의 길 날로 더욱 좁아진 탓에　　世途日以狹
발 디디고 있을 만한 곳이 없구나　　無處堪駐足
내가 장차 넓은 들판 돌아본 뒤에　　吾將壙埌遊
만고토록 편하게 쉴 집 지으리라　　速營萬古宅

청음이 풍산으로 내려가고 나서 얼마 뒤, 청나라를 공격하여 청나라에 당한 수치를 씻고자 했던 인조는 청음을 정승으로 임명하려 하였다. 그러나 당시 주화론을 주장하며 국정을 주도하던 최명길이 "김상헌은 고집불통이므로 정승의 직임을 맡겨서는 안 된다."라고 하며 적극 반대하는 바람에 그렇게 하지 못하였다.

학가산에 머물며 야인처럼 지내고 있던 청음은 해를 넘겨 예순여덟 살이 되었다. 새해를 맞은 청음은 감상에 젖었다. 지난날 자신과 친하게 지냈던 사람들은 이제 대부분 저승 세계로 가서 다시는 돌아오지 않는다. 조정을 떠나 산속에서 야인처럼 살아가고 있는 자신은 이제 오랑캐에게 수치를 당한 몸으로 이 세상에 발붙이고 있을 수가 없다. 자신도 죽어 저승 세계로 가 영원히 잠드는 것이 가장 좋은 길이었다.

이 시는 병자호란 이후 청음의 절망을 잘 드러낸 작품이다.

자신에 대해 해명하다
豐岳問答*

어떤 사람이 나에게 "임금이 탄 수레가 남한산성 밖으로 나갈 때 그대는 어째서 따라가지 않았는가?" 하고 묻기에, 대답하였다.

"만약 성 밖으로 한 걸음이라도 내디딘다면, 이는 순리를 버리고 역리를 따르는 것이다. 대의가 걸려 있는 일에는 털끝만큼도 구차스럽게 해서는 안 된다. 임금이 사직을 위해 죽으면 따라 죽는 것이 신하의 의리이다. 만약에 원수를 떠받들면서 상국上國을 범할 경우에는 극언을 하여 간쟁해야 하며, 간쟁하였는데도 임금이 따라주지 않으면 물러나서 자신을 바로잡는 것도 역시 신하의 의리이다.

옛사람이 "신하는 임금과의 의리를 따르는 것이지 명령을 따르는 것이 아니다."라고 하였다. 군자의 나아가고 물러남이 어찌 일정하겠는가. 오직 의리만을 따를 뿐이다. 예법과 의리를 돌아보지 않고 오직 명령만 따르는 것은 바로 부녀자나 내

* 풍악문답豐岳問答: 이 글은 본집에는 실려 있지 않고 청음 연보에 실려 있는 글을 뽑은 것이다.

시가 하는 충성이지, 신하가 임금을 섬기는 의리가 아니다."

또 "오랑캐가 물러간 뒤에도 끝내 문안하지 않았는데, 그 뜻은 무엇인가?"라고 묻기에 내가 대답하였다.

"변란이 일어났을 때 초야에 물러나 있어 호종하지 못했다면, 적이 물러간 뒤에는 의리상 당연히 달려가서 문안해야 한다. 그러나 나는 성안에 함께 들어갔다가 간언이 받아들여지지 않아 떠난 것이니, 날이 저물 때까지 기다려서도 안 되는 법이다. 그러니 어찌 조그마한 예절에 굳이 구애될 필요가 있겠는가. 옛사람들은 나아가고 물러나는 때 이처럼 의리로써 결단하였다."

또 묻기를, "자네가 말한 대로 대의는 구차스럽게 해서는 안 된다는 것은 옳다. 그러나 대대로 봉록을 받은 집안의 사람으로서 나라의 두터운 은혜를 입었는데, 어찌 선대 임금들께서 남긴 은택을 생각지 않는단 말인가?"라고 하기에 내가 대답하였다.

"내가 의리를 따르고 명령을 따르지 않아 200년 동안 지켜 온 나라의 기강과 윤리를 지키려고 한 것은 바로 선왕께서 가르치고 길러 주신 은택을 저버리지 않기 위해서였다. 우리나라는 본디 예의로써 천하에 소문이 났다. 그런데 갑작스럽게 난리가 닥치자 마음속으로 맹세하면서 자신을 지키지 못하고, 임금에게 원수의 뜰에 나아가 무릎을 꿇으라고 앞다투어 권하였다. 그러니 무슨 면목으로 천하의 사대부를 볼 것이며, 또한 어떻게 지하에서 선왕을 뵙겠는가?"

청음이 학가산에 머무는 동안, 화친파들이 장악한 조정에서는 청음이 인조를 따라 남한산성에서 내려오지 않고, 뒤에 처져 있다가 풍산으로 돌아간 것을 비난하는 여론이 크게 일어났다. 당시 조정에서 언로言路를 장악하고 있던 장령 유석과 지평 이계李烓 등이 청음을 귀양 보내라고 아뢰었는데, 인조는 귀양은 보내지 않고 삭탈관작削奪官爵하였다. 삭탈관작이란 이제까지 내려 주었던 품계와 관직을 모두 빼앗는 것이다.

청음은 이 소식을 들었지만 조정을 떠나와 사람들과 교류를 끊고 있었던 탓에 자신의 답답한 심정을 하소연할 곳이 어디에도 없었다. 이에 자문자답하는 형식을 빌어 「자신에 대해 해명하다」를 지어 자신의 입장을 밝혔다. 청음은 이즈음에 또 어떤 사람에게 보내는 편지 형식으로 오랑캐에게 당한 수치를 씻고자 하는 뜻을 드러내기도 하였다.

밤중에 일어나 홀로 걷다
夜起獨行

남쪽 밭길 북쪽 논길 밤은 깊어 삼경인데	南阡北陌夜三更
달을 보고 바람 좇아 나 홀로 길을 가네	望月追風獨自行
하늘과 땅 무정하고 사람들 다 잠자거니	天地無情人盡睡
백 년간의 이 회포를 누구에게 쏟아 낼꼬	百年懷抱向誰傾

청음은 학가산에 머무는 동안 오랑캐 나라를 종주국宗主國으로 섬기게 된 데 대한 수치로 늘 걱정과 울분에 잠겨 있었으며, 밤에도 편안히 잠을 이루지 못하고 항상 홀로 일어나 서성거렸다. 또한 자신과 함께 일하던 동료 관원들이 뻔뻔스럽게 조정에 계속 남아서 청나라에 굽실대고 있는 것을 보고, 그들의 마음을 이해하면서도 애처로운 심정을 금할 길이 없었다.

어느 날 청음은 한밤중에 일어나 서성거리다가 지난날 오랑캐에게 수치를 당할 경우 죽겠다고 한 맹세를 저버린 것에 대해 부끄러운 마음이 일어났다. 또 세상 사람들이 자신의 속마음도 모르고 오히려 혼자만 명예를 독차지하기 위해 임금을 따라가 항복하지 않고 시골로 낙향하였다고 비난하니 답답하다는 생각이 들었다. 청음은 이러한 자신의 심사를 시를 지어 토로하였다.

제 7장

대절大節을 빛내다

제7장 대절大節을 빛내다

인조가 청나라에 항복하여 굴욕적인 맹약을 맺고 난 뒤 청음은 낙향하여 풍산의 학가산 아래에서 야인처럼 살아갔다. 어느 날 청음은 청나라가 명나라를 공격하면서 조선에 파병을 요청하였고 조선에서 청나라의 요구에 응하여 군대를 파견하기로 하였다는 소식을 들었다. 이 소식을 들은 청음은 나라의 윤리와 기강이 말살되는 것을 보고만 있을 수 없다며 파병하지 말라는 내용으로 상소를 올렸다.

청나라는 재야에 있는 어떤 자가 파병에 반대하는 상소를 올렸다는 것을 탐지하고 그자를 잡아 의주로 보내 청나라 장수의 심문을 받게 하라고 요구하였다. 이에 조정에서는 청음에게 의주로 가서 심문을 받으라고 명하였다.

조정의 명령이 내려오자 청음은 가묘家廟에 가서 영결을 고한 다음 의주로 가 청나라 장수 용골대의 심문을 받았다. 이때 청음은 용골대의 위협에도 불구하고 조금도 굽히지 않고 심문을 받았다. 청음의 뜻을 꺾을 수 없었던 용골대는 청음을 심양으로 끌고 가 옥에 가두었다.

이듬해1641 1월 8일 용골대 등은 청음을 자신들이 있던 관아의 대문 바깥에 끌어다 놓은 다음, 질관質館에 머물고 있던 소현세자와 우리나라 사신들을 모두 모이게 하였다. 그리고 앞서 의주에서처럼 심문하였는데, 청음은 이때도 조금도 굽히지 않고 답하였다. 그러자 오랑캐들은 청음을 북관北館에 구류시켰다. 북관은 사형수 등 중범죄자가 수감되는 감옥으로, 생활하기가 몹시 힘든 곳이었다. 이때 그의 나이 72세였다.

명나라를 치기 위한 군대를 파견하지 말기를 청한 상소

請勿助兵瀋陽疏

죄를 진 신 김상헌은 참으로 황공하고 황공하기에 머리를 조아리고 또 조아리면서 만 번 죽을죄를 무릅쓰고 삼가 주상 전하께 글을 올립니다.

삼가 생각건대, 신은 쌓인 비방이 뼛속까지 파고들어 거친 들판에 버려지는 것을 달갑게 여기고 있었습니다. 그런데 천지 부모와 같으신 성상의 은혜를 받아 처벌을 면하고 직첩職牒[*]을 돌려받았습니다. 이에 초야에서 한가로이 지내면서 일생을 마칠 작정이었습니다.

스스로 생각해 보건대, 늙고 병들어 겨우 살아 있는 이 목숨은 아침저녁으로 죽기만을 기다리고 있는 처지이니, 성대한 덕에 만분의 일도 보답할 길이 없습니다. 이에 오직 밤낮으로 감격에 겨운 눈물을 흘릴 뿐입니다.

지난번에 삼가 성상의 체후가 불편하여 오래도록 회복하지 못하고 계시다는 말을 들었습니다. 신하로서 몹시 마음이 우

[*] 직첩職牒 : 자급資級을 주거나 벼슬을 주는 사령서辭令書이다.

려되었으나, 본디 의술에는 어두워서 정성을 바칠 길이 없었습니다.

근래에 또 길에 떠도는 소문을 듣건대, 조정에서 오랑캐 사신의 요구에 따라 5000명의 군병을 징발하여 오랑캐들이 명나라를 침범하는 것을 도울 것이라고 하였습니다. 신은 그 말을 듣고 놀랍고 의아하여 불안한 마음으로 그렇지는 않을 것이라고 여겼습니다.

신하는 군주의 명이라 해도 따를 수 있는 일이 있고 따를 수 없는 일이 있습니다. 자로子路와 염구冉求가 계씨季氏의 아래에서 신하 노릇을 하고 있었으나, 공자는 오히려 "따르지 않는 바가 있다."라고 칭찬하였습니다.*

당초에 국가가 세력은 약하고 역량은 모자라서 우선 당장 국가의 보전만을 도모하는 계책을 썼습니다. 그러나 전하께서 혼란을 평정하여 바르게 되돌리려는 큰 뜻을 가지고 와신상담臥薪嘗膽해 오신 지 지금 이미 3년이나 되었기에, 머지않아 치욕을 씻고 원수를 갚을 날이 있을 것이라고 기대하고 있었습니다. 그런데 가면 갈수록 더 미약해져 일마다 순순히 따르기만 하면서 끝내 하지 못하는 일이 없는 지경에까지 이르게

* 자로子路와……칭찬하였습니다 : 자로와 염구는 공자의 제자이다. 『논어』「선진先進」을 보면, 공자가 계씨의 신하로 있는 자로와 염구에 대해 숫자만 채우고 있는 구신具臣이라고 비난하면서도 "아버지와 임금을 시해하는 일은 또한 따르지 않을 것이다."라고 하면서 칭찬하였다.

될 줄 어찌 짐작이나 했겠습니까.

예로부터 죽지 않는 사람이 없고 망하지 않는 나라가 없으니 죽고 망하는 것은 참을 수가 있습니다. 하지만 반역을 따르는 것은 할 수 없는 일입니다. 전하께 어떤 사람이 "어떤 자가 원수를 도와 제 부모를 쳤다."라고 아뢴다면, 전하께서는 반드시 담당자에게 명을 내려 그 죄를 다스리게 할 것입니다. 그 사람이 아무리 교묘한 말로 자신에 대해 해명한다고 할지라도 전하께서는 용서하지 않고 반드시 법을 시행하실 것입니다. 이것은 천하의 공통된 도리입니다.

오늘날 계책을 세우는 자들이 예의는 지킬 만한 것이 못 된다고 합니다. 신이 예의에 의거하여 분변할 겨를은 없으나 이해利害만 가지고 논한다 하더라도 강포한 이웃의 일시적인 사나움만 두려워하고 천자의 군대를 두려워하지 않는다면 이는 원대한 계책이 못 됩니다.

정축년1637 인조 15 이후로 중국 조정의 사람들이 하루도 우리나라를 잊지 않는 것은 단지 중국이 우리를 구해 주지 못하여 패배하였고 우리가 오랑캐에게 항복한 것이 본심이 아님을 너그럽게 봐주고 있기 때문입니다.

산해관 아래의 여러 곳에 주둔해 있는 군병들과 해상에 떠 있는 함선의 병졸들이 비록 오랑캐를 쓸어 내고 요동의 강토를 회복하기에는 부족하더라도 우리나라의 잘못된 행동을 금하기에는 충분합니다. 만약 우리나라 사람들이 호랑이 앞에서 길을 이끌어 주는 짐승이 되었다는 말을 듣는다면, 죄를 문책하는 군대가 벼락같이 달려와 배를 띄운 지 하루 만에 곧바로 황해도와 경기도의 섬에 당도할 것입니다. 그럴 경우 우리나라가 두려워할 상대는 오랑캐들만이 아닐 것입니다.

사람들이 모두 "오랑캐들의 세력이 한창 강하여 따르지 않으면 반드시 화가 있을 것이다."라고 합니다. 그러나 신은 명분과 의리야말로 지극히 중대한 만큼, 이를 범하는 것 역시 반드시 재앙을 부를 것이라고 여깁니다. 의리를 저버리고서 끝내 망하는 것보다는, 올바른 도리를 지키면서 하늘의 명을 기다리는 것이 더 낫지 않겠습니까.

그러나 명을 기다린다는 것이 한갓 앉아서 망하기만을 기다린다는 말은 아닙니다. 일을 순리에 따라서 하면 백성들이 기뻐하고, 백성들이 기뻐하면 나라의 근본이 단단해집니다. 이것으로써 나라를 지키고도 하늘의 도움을 받지 못한 적은 없었습니다.

우리 태조 강헌 대왕太祖康獻大王께서는 의리를 들어 회군하여 200년 동안 지속된 왕조의 단단한 기틀을 세우셨고, 선조 소경 대왕宣祖昭敬大王께서는 지성으로 중국을 섬겨 임진왜란 때 구원해 주는 은혜를 입으셨습니다. 지금 의리를 버리고 은혜를 잊은 채 이런 조치를 하고야 만다면, 천하 후세의 의논은 개의치 않는다 하더라도, 장차 지하에 계신 선왕을 어떻게 뵐 것이며, 또 어떻게 신하들에게 국가에 충성을 다하라고 할 수 있겠습니까.

삼가 바라건대, 전하께서는 크게 생각을 바꾸고 서둘러 큰 계책을 정하소서. 강포함에 뜻을 빼앗기지 말고 간사한 의논 때문에 두려움을 갖지 마시어 태조와 선조의 뜻을 잇고 충신과 의사의 기대에 부응하소서.

신은 나라의 두터운 은혜를 받아 대부의 반열에 오른 지 오래되었습니다. 지금은 비록 쓸모가 없어 물러나 있으나, 이렇게 국가의 막대한 일을 당하여서는 의리상 잠자코 있을 수 없었습니다.

지난번에 유림柳琳*이 갈 적에는 신이 먼 외방에 있었고 일도 급박하여 미처 말씀을 올리지 못하였습니다. 그것이 뼈에 사무쳐 아직까지도 그 원한이 잊히지 않고 마음속에 절실하게 남아 있습니다. 이에 감히 민감한 사안에 대해 숨기지 않고서 어리석은 정성을 진달하고 공손하게 형벌이 내리기만을 기다립니다.

삼가 바라건대 전하께서는 굽어살펴 주소서. 신은 황공하

* 유림柳琳 : 1581~1643. 인조 16년1638에 평안 병사로 있던 중 명나라 금주위錦州衛를 공격하려는 청나라의 요청으로 군사를 이끌고 갔는데, 일부러 느리게 진군하여 기일 안에 당도하지 않았다. 이 때문에 청나라로부터 문책을 받았다.

고 떨리는 마음을 금치 못하겠습니다. 삼가 죽음을 무릅쓰고 아룁니다.

인조 17년 1639 12월에 청나라가 명나라를 치면서 우리나라에 군사를 파견해 자신들을 도우라고 요구하자, 우리나라는 요구를 받아들여 군사를 파견하기로 했다.

이 소식을 들은 청음은 명나라는 임진왜란 때 우리나라를 도운 부모의 나라였기 때문에 청나라를 위해 군대를 보내 명나라를 공격하는 것은 결단코 해서는 안 되는 일이라고 여겼다.

청음은 파병을 반대하는 상소를 올릴 경우 그러잖아도 자신의 동태를 주시하고 있는 청나라에 의해 목숨이 위태로워질 것을 잘 알고 있었다. 그렇지만 청음은 이에 굴하지 않고 파병 반대 상소를 지었다. 그리고 상소를 받들고 사당에 가 자신이 이제 죽을지도 모른다고 고한 다음, 상소를 올렸다.

청나라에서는 조선의 신하들 가운데 자신들의 파병 요구를 극력 반대하는 자들이 있다는 소문을 듣고는 용골대를 의주로 보내어 이를 조사하게 하였다. 의주에 도착한 용골대는 영의정 홍서봉과 도승지 신득연 申得淵 등을 의주로 오게 한 다음 캐물었다.

"그대 나라의 김상헌이란 자가 관작도 받지 않고, 우리 청나라의 연호도 쓰지 않는다고 하는데, 그런 사실이 있는가?"

이어 또 캐물었다.

"그자는 임금과 같이 산성에 들어갔는데도 성 아래로 따라 내려오지 않았으며, 멀리 다른 곳으로 가 있으면서 젊은 선비들을 시켜 척화하는 상소를 올렸다고 하는데, 과연 그런가?"

그러자 영의정 이하 관원들이 두려움에 떨면서 어찌할 줄을 모르고 있었다. 신득연 역시 불려가 심문을 당하였는데, 신득연은 본디 심지가 굳지 못한 자였다. 용골대의 거듭된 위협에 겁을 집어먹고는 결국 당시 파병에 반대하는 상소를 올렸던 청음과 몇몇 사람의 이름을 써서 보여주었다. 그 명단을 받아 든 용골대는 홍서봉 등을 위협하였다.

"너희들이 다 같이 서명한 문서를 속히 너희 임금한테 올려 김상헌 등을 붙잡아 보내도록 하라."

이 소식이 조정에 전해지자, 온 조정이 깜짝 놀라 모두 얼굴빛이 파랗게 질렸다. 몇몇 신하들이 김상헌 등을 청나라로 보내서는 안 된다고 주장하였으나, 이미 신하의 나라로 항복한 처지에 청나라의 요구를 거절할 도리가 없었다. 조정에서는 청음에게 글을 내려 곧바로 의주로 가 심문을 받으라고 명하였다.

수재 김희진에게 주다

贈金秀才希振

내 마음은 오랜 옛날 거울 같은데　　我心如古鏡
그대 뜻은 흘러가는 물과 같구나　　君意似流泉
옛 거울은 닦을수록 더욱 빛나고　　古鏡磨逾瑩
흘러가는 물은 길이 끊이지 않네　　流泉無斷連

소산* 모습 어찜 저리 창창도 한가　　素岳何蒼蒼
높다란 솔 울창하게 우거져 있네　　高松鬱靑障
천 년 뒤에 구천 아래 파묻혀서도　　千秋九原下
혼백 응당 이 산으로 오고 가리라　　魂魄應來往

청음이 풍산에 내려가 있을 때 그 마을에 살던 김희진金希振이란 젊은이가 항상 청음을 따르면서 학문을 익혔으며, 성심을 다해 청

* 소산素山 : 경상북도 안동시 풍산읍 소산리 뒤쪽에 있는 산이다. 소산리의 본래 이름은 금산리金山里였는데, 청음이 낙향한 뒤에 "김가金哥가 사는 곳을 금산이라 하면 이는 너무 화려하고 사치스럽다. 검소하다는 뜻인 소산으로 바꿔야 한다."라고 하여 마을 이름을 소산리로 바꾸었다고 한다.

음을 모셨다. 이에 청음은 용골대의 심문을 받으러 의주로 가기 직전에 김희진에게 풍산을 떠나는 자신의 마음과 김희진을 격려하는 뜻을 담은 네 수의 시를 남겨 주었다. 위의 시는 그 가운데 두 수를 뽑은 것이다.

김희진은 자가 백기伯起이며, 그의 아버지는 김상헌의 삼종형제이다. 김희진은 청음에게 학문을 배울 때 청음이 쓴 것을 한 글자도 빠뜨리지 않고 잘 보관하였으며, 청음이 의주로 갈 때에는 그를 따라 파주까지 갔다가, 집으로 돌아가라는 청음의 명에 따라 하는 수 없이 풍산으로 되돌아갔다. 그 뒤 그는 청음이 심양의 옥에 갇혀 있는 동안 세상을 떠났다.

인조가 서찰과 가죽옷을 보내준 데 대해 사은하는 상소

謝賜御札貂裘疏

삼가 아룁니다. 신은 간언이 조금도 도움이 되지 못하였는데, 몸은 먼 길을 떠나가게 되었습니다. 대궐 문 앞을 지나가면서도 대궐에 들어가 하직 인사를 할 수가 없었기에, 마음속이 불편하고 흠모하는 마음만 더했습니다.

그런데 뜻하지 않게 성상께서 마음속으로 저의 하찮은 충성심을 곡진히 살펴 주셨습니다. 대궐의 내관이 찾아오니 성상의 말씀이 슬프고, 진귀한 가죽옷을 하사받으니 봄이 온 듯한 따사로운 기운이 느껴집니다. 이에 마치 섬돌 위에 올라가서 다시금 용안을 우러러 뵈온 것만 같으니, 비록 죽더라도 오히려 살아 있는 것과 다름이 없습니다.

신은 하늘을 우러르고 대궐을 바라보면서 피눈물을 흘리며 성상을 그리워하는 마음을 가눌 수 없습니다. 삼가 죽음을 무릅쓰고 아룁니다.

풍산을 떠난 청음은 서둘러 올라와 서울에 도착하였다. 이때는 날씨가 몹시 추웠다. 인조는 청음을 불러 만나보고 싶었으나 청나라 사람들이 감시하고 있어서 만나볼 수 없었다. 이에 내관을 파견해서 가죽옷을 하사하고, 또 서찰을 내려 위로하였다.

"경은 선왕 때부터 오랫동안 봉직해 온 신하로서 나와 함께한 지도 여러 해가 되었다. 의리상으로는 군신 사이이나 정으로 보면 부자지간과 같다. 이 때문에 지난해에 물러나 떠나갈 적에도 몹시 서운하였다. 그런데 뜻밖에도 재앙이 생겨 결국 이 지경에 이르렀으니 참으로 못난 내가 현명하지 못한 탓에 그렇게 된 것이다. 말과 생각이 이에 이르니 나도 모르게 눈물이 흐른다. 그대를 만나고 싶은 마음이 간절하나 껄끄러운 점이 있어서 그렇게 하지 못한다. 경은 모름지기 잘 대답하여 오랑캐들의 노여움을 풀어 주기 바란다."

인조의 서찰을 받은 청음은 1640년 12월 9일에 위의 상소를 올려 임금의 은혜에 사례하였다. 청음의 상소를 본 인조는 경연 석상에서 하교하였다.

"김상헌의 상소를 보니 그가 직접 쓴 것인 듯한데, 영결하는 뜻이라서 차마 읽을 수가 없다."

이어 몇 줄기 눈물을 흘리니, 신하들이 모두 비통해하였다. 인조가 대신에게 묻기를,

"경들은 김상헌을 만나 보았는가? 그의 뜻이 어떠하던가?"

하니, 심열沈悅이 아뢰었다.

"청음은 조금도 뜻이 꺾이지 않으니 저들에게 가서 말할 때 노여움을

촉발시킬 염려가 없지 않았습니다. 이에 친구들이 모두 그 점을 경계시켰습니다."

"그렇다면 조금도 마음이 흔들리지 않더란 말인가?"

"행동거지가 느긋하여 평소와 다름이 없었습니다."

인조에게 상소를 올린 청음은 석실에 있던 가족들도 만나보지 못하고 자신을 압송하기 위해 서울에 와 있던 청나라 사람을 따라 곧바로 의주로 향하였다. 이때 청음은 이번에 서울을 떠나면 다시는 돌아오지 못할 것이란 생각에 비장한 마음으로 시조를 한 수 읊었다.

가노라 삼각산아 다시 보자 한강수야
고국산천을 떠나고자 하랴마는
시절이 하 수상하니 올 동 말 동 하여라

손자 수증 형제에게 부치는 편지
寄孫壽增兄弟

황주黃州에 도착하여 너희들이 4일에 보낸 편지를 받아 보았다. 서둘러 답장을 보냈는데, 제대로 잘 전해졌는지 모르겠구나. 나는 평산平山을 지난 이후로 광포한 오랑캐들이 빨리 오라고 잇달아 아홉 놈이나 보내어 재촉하는 탓에, 밤낮없이 일정을 서둘러 오늘 저녁 마침내 의주에 도착하였다.

아직은 오랑캐들과 대면하지 않았지만 현재 오랑캐들이 짐을 꾸리고 있으니 20일에는 심양으로 들어갈 것이라고 한다. 나 역시 압록강을 건너가야만 할 것이다. 이제 곧 이역異域 땅의 사람이 될 것이니, 어느 날에나 너희들과 다시 만나게 될지 모르겠다.

너희들의 모습이 자꾸 생각나서 잊을 수가 없다. 오직 너희들은 선한 일을 행하는 데 게으름 피우지 말고, 일마다 모두 공경스럽고 신중하게 하기 바란다. 하고 싶은 말을 어찌 다 할 수 있겠느냐. 너희들은 입을 굳게 다물고 있어야 한다. 등불 아래에서 피곤하여 대충 쓴다.

서울을 떠나 청나라 군의 감시와 재촉 속에 의주로 향하게 된 청음은 석실에 있던 가족들도 만나 보지 못한 채 길을 떠나야만 했다. 황주에 당도하여 손자 김수증金壽增이 보낸 편지를 받은 청음은 가족들에 대한 걱정을 담아 답장을 보냈다. 그런 뒤 늙은 몸을 이끌고 강행군을 하여 길을 떠난 지 열흘 만인 12월 18일에 의주에 도착하였다. 의주에 도착한 청음은 청나라군이 감시하는 중에 황주에서 보낸 편지가 제대로 잘 전해졌는지 의심스러웠다. 이에 다시 위와 같은 내용으로 편지를 보냈다.

청음은 아들 종경을 두었으나 종경은 임진왜란 중에 요절하였으며, 이후 아들을 두지 못하였다. 이에 둘째 형 김상관의 아들 광찬을 양자로 들였다. 청음의 손자는 모두 셋으로 수증壽增, 수흥壽興, 수항壽恒이다. 이들은 모두 시재詩才가 뛰어나고 학문에도 부지런하였다. 손자들에 대해 큰 기대를 걸고 있었던 청음은 의주에서 편지를 보낸 뒤 청나라에 끌려가서도 걱정과 그리움으로 편지를 보냈으며, 「연아戀兒」라는 제목의 다음과 같은 시를 남기기도 하였다.

지친 노복 파리한 말 행색 아주 초라한데	倦僕羸驂行色微
산바람이 눈 몰아쳐 나그네 옷 감싸누나	山風吹雪擁征衣
관문 다리 끊긴 뒤로 소식 왕래 막혔으니	關梁一閉無消息
몇 번이나 고개 돌려 내가 오나 바라볼꼬	幾處回頭望我歸

압록강을 건너면서 학곡 홍서봉에게 남겨 주다

渡江日 留別鶴谷洪相公

젊은 날에 대장부가 품었던 뜻은	少日男兒志
만 리 먼 길 종횡무진 가는 거였네	縱橫萬里行
오늘 아침 이와 같은 이별을 하니	今朝此爲別
평생의 뜻 저버린 걸 잘 알겠구나	深覺負平生

청음은 의주에 도착해서 청나라 장수 용골대의 심문을 받았다. 청음을 심문하는 날 용골대는 홍서봉 등 여러 사람을 모아 놓고 청음을 불러들였다. 청음은 조금도 두려워하는 기색 없이 베옷 차림에 짚신을 신고 두건을 쓰고 지팡이를 짚고서 앞으로 나아가 용골대 앞에 비스듬하게 기대어 누웠다.

용골대는 남한산성에서 인조와 함께 내려와 나아오지 않은 일, 정축년 이후 제수된 관직을 모두 사양한 일 및 명나라를 칠 때 파병을 저지하는 상소를 올린 일 등에 대해 심문하였다. 이러한 난감한 질문을 받고도 청음은 위축되지 않고 사리에 따라 대답하였다. 이에 용골대는 어찌할 수 없다는 것을 알고 곧바로 밖으로 내보내게 하였다. 이를

본 오목도梧木道라는 청나라인이 말하기를,

"조선 사람들은 말을 할 때마다 겁을 집어먹고는 고분고분하는데, 이 사람은 거침없이 대답하니 대하기가 몹시 어려운 노인이다."

하였으며, 따라왔던 청나라 사람들 역시 혀를 차면서 대단한 노인이라고 탄복하였다.

다음 날 용골대는 청음을 끌고 압록강을 건너갔다. 청음은 압록강을 건너기 직전에 의주에 와 있던 사람들과 작별하면서 여러 편의 시를 지어 남겼는데, 위의 시는 영의정 홍서봉에게 남긴 작품이다. 이때 그의 나이 71세였다.

선달 그믐날 밤을 새우면서

守歲

나그네 맘 서글퍼서 꿈도 꾸기 어려운데　羈懷悄悄夢難成
더디 치는 누각 소리 오경으로 향해 가네　鍾漏遲遲欲五更
생각건대 고향에선 오늘 밤에 모여 앉아　遙想故園今夜會
몇 사람이 마주 보며 떠도는 날 생각할꼬　幾人相對憶吾行

천애 밖서 깊은 밤을 앉은 채로 지새우니　天涯守歲坐深更
아득히 먼 지역이라 생사 묻는 이도 없네　絶域無人問死生
오직 등불 하나만이 진작 알던 사람 같아　惟有一燈如舊識
새벽까지 마주 대해 온 맘 다해 비추누나　曉窓相對盡情明

1640년 12월 20일에 용골대가 청음을 끌고 압록강을 건너갔다. 심양에 도착한 뒤 청음은 곧바로 북관北館에 갇혔다. 북관은 사형수 등 중죄인을 가둬 두는 곳이다.

북관에 갇힌 채 섣달 그믐날을 맞게 된 청음은 오랑캐의 침입을 막지도 못한 채 포로로 잡혀 와 있는 자신의 처지를 생각하고는 비통한 마음을 금할 수가 없었다. 예전 석실에 있을 때에는 섣달 그믐날 밤마다 친구들과 함께 술도 마시고 시도 읊으면서 밤을 새우곤 했는데 심양으로 끌려와 옥에 갇힌 지금은 그런 즐거움을 누릴 수 없었다. 함께할 사람은 아무도 없고 오직 깜빡이는 등불만이 자신과 함께 밤을 지새우고 있었다.

제8장

감옥에서 고초를 겪다

제8장 감옥에서 고초를 겪다

인조 18년 1640 심양에 끌려가 북관에 구금된 청음은 시름시름 앓았는데 이듬해 12월에 들어서 병세가 위독해졌다. 그러자 청나라 사람들이 청음을 의주로 나가 있게 하였다. 청음은 다음 해 1월 2일에 의주에 도착하였다.

청음은 의주에서 1년 동안 머물다가 청나라에 붙은 역적 이계의 모함으로 인조 21년 1643 1월에 다시 심양으로 끌려가 동관東館에 억류되었다. 동관은 북관에 비해 비교적 지내기가 편한 곳이었다. 얼마 뒤에 이계가 고자질한 내용으로 용골대가 심문하였지만, 청음은 이때에도 자신의 지조를 굽히지 않고 용골대의 물음에 또박또박 답하였다. 이에 청나라에서는 그를 다시 북관에 구금하였다.

4월에 청나라에서는 황제가 은혜를 내렸다고 하면서 청음을 북관에서 풀어준 다음 질관質館에 머물게 하였다. 질관은 소현세자가 머물고 있던 곳으로 지내기가 편한 곳이었다.

인조 22년 1644 4월에 명나라가 망하였다. 명나라를 멸망시키고 국도를 북경으로 옮긴 청나라 조정에서는 더는 우리나라의 소현세자를 비롯한 대군들 및 청음이나 최명길 등의 대신들을 볼모로 잡아둘 필요가 없어 모두 돌려보냈다. 청음은 소현세자 등과 함께 이듬해인 인조 23년 1645 2월에 귀국하였다. 처음 끌려간 때로부터 6년만에 고국으로 돌아오게 된 것이다. 이때 그의 나이 76세였다.

청음은 심양에 억류되어 있던 5년 동안 『설교집雪窖集』을 남겼다. 설교는 '눈구덩이 속의 움집'이란 뜻이다. 『설교집』은 처음 심양의 옥에 갇혀 있을 때 지은 시문을 모은 『설교전집』, 뒤에 다시 끌려갔을 때 지은 시문을 모은 『설교후집』과 『설교속집』으로 이루어져 있다.

한밤중에 일어나 앉아 짓다

夜坐

천 리나 먼 타향 땅의 나그네에다	異鄕千里客
외론 촛불 깜빡이는 오경의 심정	孤燭五更心
촛불 눈물 끊어졌다 다시 흐르매	燭淚斷不斷
객의 시름 깊어지고 또 깊어지네	客愁深復深

심양으로 끌려가 북관에 갇혀 있던 청음은 어느 날 한밤중에 깨어났다. 밤은 깊어 오경이라 주위는 고요한데 다 타서 짤막하게 된 촛불만이 혼자서 깜빡깜빡 졸고 있었다. 감옥에 갇혀 있는 자신이나 혼자서 졸고 있는 촛불이나 외롭기는 마찬가지였다. 다시 잠을 이루지 못한 청음은 촛불을 바라보면서 시름에 겨워 시를 지어 읊었다.

봄에게 묻다
次送春韻

봄에게 내 물어보네 무슨 일로 무정하게　問春何事不留情
뭇 꽃들을 거두고서 놀란 듯이 훌쩍 떠나　收拾繁華去若驚
꽃은 지고 버들개지 날려 온통 적적하게 해　花落絮飛都寂寂
새벽 창의 자규* 소리 시름겹게 하시는가　曉窓愁絶子規聲

봄 답하네 사람들아 박정하다 원망 말라　春答人休怨薄情
사계절이 돌고 돎은 놀랄 필요 없는 걸세　四時相代不須驚
녹음 짙은 정원 안이 적당하게 서늘하여　綠陰庭院微涼好
누운 채로 빗소리를 듣고 있기 아주 좋네　高枕還宜聽雨聲

옥에 갇혀 있는 중에도 세월은 속절없이 흘러 어느새 봄이 다 지나갔다. 청음은 적국에 끌려와 갇혀 있는 데다가 봄마저 다 지나가니

* 자규子規 : 두견새의 별칭이다. 전설에 따르면, 원통하게 죽은 촉蜀나라 망제望帝 두우杜宇의 혼백이 두견새가 되었는데, 항상 한밤중에 '돌아가야겠다'라는 뜻의 '불여귀不如歸'라는 소리를 내며 몹시 처절하게 운다고 한다.

마음이 몹시 스산하였다. 가는 봄이 원망스러워 청음은 봄과 서로 문답하는 형식을 빌려 시를 읊었다.

청음이 봄에게 물었다. 왜 훌쩍 떠나가서 꽃을 다 지게 하여 오랑캐 나라에 끌려와 갇혀 있는 내 마음을 슬프게 하는가? 봄이 답하였다. 사계절이 순환하는 것은 자연의 이치이다. 이제 아름다운 초여름이 될 것이니, 그대도 너무 시름하지만 말고 편안한 마음으로 받아들이시게.

어린아이들이 물을 긷는 것을 슬퍼하다

哀童男女充汲者

조선 소년 중국 소녀 모두 고아 되어서는	鮮兒漢女共零丁
되놈 집에 붙어 살며 목숨 겨우 연명하네	來入胡家託死生
온갖 고생 다 겪어도 하소연할 곳 없으니	辛苦萬端無處訴
하늘과 땅 뭔 맘 품고 있는가를 모르겠네	不知天地亦何情

감옥에 갇혀 있던 청음은 아주 어린아이들이 물을 긷느라 자기 몸보다 더 큰 물통을 들고 낑낑대는 것을 보았다. 말소리를 들어 보니 조선 아이들이었다. 청나라 군사들이 병자호란 이후에 볼모로 잡아 오거나 부모를 잃고 떠돌아다니는 아이들을 잡아 온 것이었다.

조선 아이들만이 아니라 중국 아이들도 있었다. 아직 어린아이들이 만 리 먼 타국에 끌려와 되놈들의 종이 되어 고생하는 것을 본 청음은 하늘의 도를 제대로 시행하여 오랑캐들을 망하게 하지 않는 하늘이 원망스러웠다.

등불 앞에서

夜坐

한 해 내내 돌아갈 맘 품었으나 못 갔기에 終歲思歸苦未歸
끝이 없는 가고픈 맘 실과 같이 엉켜드네 無窮歸思亂如絲
밤이 되어 다시금 또 등불 앞에 다가가서 夜來更就燈前坐
맘속 얘기 하려 하나 어느 누가 알아주랴 欲說情懷誰得知

청음은 풍산 땅을 떠나올 때 한번 끌려가면 다시는 못 돌아올 것이라고 여겨 사당에 나가 영결을 고하고 떠나왔다. 그러나 옥에 갇힌 이후 한시도 고향 산천의 모습을 잊은 적이 없었다. 석실에 있는 식구들도 그리웠고, 풍산의 모습도 그리웠다.

고향으로 돌아가지 못하는 것을 자신의 운명으로 여기고 체념도 해보았지만, 그럴수록 고향으로 돌아가고픈 마음은 더욱더 간절해졌다. 그리움은 낮보다 밤에 더 간절하였다. 낮에는 그나마 바깥의 풍경과 오가는 사람들이라도 볼 수 있지만, 밤이 되면 보이는 건 가물거리면서 졸고 있는 촛불뿐이었다. 촛불을 향해 자신의 속마음을 토로해 보아도 촛불은 그저 가물거릴 뿐이었다.

한밤중에 일어나 앉아 읊다

夜坐

일흔 살의 늙은이라 기력 얼마 안 남아서	七十衰翁氣力微
턱 고이고 앉았어도 옷 무게도 버겁다네	支頤强坐不勝衣
가는 세월 빠른 데다 몸에 병이 많아지니	流年忽忽身多病
서글프다 살아생전 돌아갈 수 있으려나	惆悵餘生歸未歸

일흔 살이 훌쩍 넘은 노쇠한 몸으로 차가운 감옥에서 거친 음식을 먹으며 일 년 동안 갇혀 있던 청음은 병이 들고 말았다. 기력이 다 떨어진 탓에 이젠 옷을 입고 앉아 있는 것조차 힘겨웠다. 건강한 몸으로도 버티기 어려운 옥중 생활을 병든 몸으로 버텨낼 가망이 없었다. 한밤중에 깨어난 청음은 병이 든 자신의 처지를 떠올리고는 고향으로 돌아갈 생각을 아예 포기하였다.

의주로 돌아오다

東還

요하에서 해 넘기며 고국 모습 그릴 적에	經歲遼河故國思
한 마음은 세자 계신 궁 가까워 좋았다네	一心猶幸近青闈
내일 아침 홀로 요하 강물 건너갈 적에는	明朝獨渡遼河去
고개 돌려 세자궁을 보며 눈물 흘리겠지	回首青闈淚滿衣

청음은 북관의 감옥에서 1년 정도 갇혀 있었다. 심양은 본디 우리나라보다 훨씬 더 추운 곳으로, 노쇠한 청음으로서는 견뎌 내기가 어려웠다. 입동 이후부터 추위로 몸이 좋지 않던 청음은 12월 들어서 병세가 아주 위독해졌다. 용골대가 북관에 와서 청음의 상태를 살펴보고는, 청 태종에게 청음의 병이 아주 심각하다고 아뢰었다. 그러자 청 태종은 청음을 의주로 내보내어 그곳에서 구금하게 하였다.

청음이 의주로 출발하는 날 세자에게 작별 인사를 아뢰고자 하였으나, 청나라는 허락하지 않았다. 청음 등 다섯 사람이 세자가 머무는 질관質館 앞을 지나가다가 대문을 향하여 땅에 엎드려 울자, 세자가 문에 나와서 바라보고 내관을 시켜 약을 하사해 주었다. 청음이 의주로 돌아오는 도중에도 소현세자는 내관을 보내어 술을 내려 주었다. 청음은 병든 몸을 부축 받아 일어나서 절하고 난 뒤에, 세자를 그리워하는 마음을 담아 시를 지어 사례하였다. 이 시의 원 제목은 「동쪽으로 돌아온 다음 날에 춘궁春宮이 중사中使를 보내어 술을 하사하였기에 비통하고 감격스러운 회포가 가슴속에 가득하여 동궁을 그리워하는 절구 한 수를 입으로 불러 읊은 다음 좌상座上의 여러 사람에게 써 보이다東還次日 春宮遣中使賜酒 悲感盈懷 口占戀靑闈一絶 錄示座上諸公」이다.

의주에 도착하여 연명으로 올린 상소

到灣上後聯名疏

삼가 아룁니다. 신들은 이역 땅에 붙잡혀 오랫동안 더위와 추위 속에 형색이 비쩍 마르고 숨이 간당간당하는 상태로 매일같이 죽을 날만 기다리고 있었습니다. 그런데 덕은 원근에 진동하고 정성은 상하를 감동시키는, 천지 부모와 같은 우리 성상의 어진 마음에 힘입어 처형을 당할 곳에서 벗어나 살아날 수 있는 곳으로 돌아오게 되었습니다. 다시금 살려주신 그 은혜는 마른 뼈에 살을 붙여 준 것과 같으니 신들의 힘으로는 우러러 보답할 수가 없습니다.

국내로 들어오기는 하였으나 서울 땅은 아직도 멀리 떨어져 있는 탓에 대궐 뜰로 달려 나아가 조금이나마 하찮은 정성을 펼 수가 없습니다. 하늘에 뜬 해를 우러러 바라보며 줄줄 흐르는 감격의 눈물을 금치 못하겠습니다. 이에 삼가 짤막한 상소를 지어 죽음을 무릅쓰고 아룁니다.

심양에서 출발하여 얼어붙은 길을 내려온 청음은 이듬해 1642

1월 2일에 의주에 도착하였다. 청음이 의주로 오는 동안 청음을 호송하던 청나라 사람들은 자신도 모르게 청음을 존경하는 마음이 일어, 험한 길을 만나면 문득 말에서 내려 직접 청음이 타고 있는 수레를 부축하기도 하였다. 의주에 도착한 청음은 곧바로 인조에게 상소를 올려, 의주까지 오기는 하였으나 서울로 가지 못하고 의주에 억류되어 있는 상황을 보고하였다.

청음은 의주로 나와 구금되어 있다가 1년 뒤인 인조 21년 1643 1월에 다시 심양으로 끌려갔다. 인조는 청음과 함께 심양으로 끌려갔다가 돌아온 박황朴潢을 불러 그간에 심양에서 있었던 여러 가지 일들에 대해 물어보았다.

"처음에는 김 판서金判書가 청나라에 끌려가면 분명 죽음을 면치 못할 것이라고 여겼는데, 다행히도 풀려나서 의주로 돌아오게 되었다. 그런데 저들이 다시 김 판서를 끌고 갔다. 이것은 어째서인가?"

"이계란 자가 날조한 내용으로 청나라에 고변하였으므로 이런 일이 있었던 것입니다."

"심양으로 끌려간 사람들 중에 다른 사람은 다 절개를 보전하지 못하였으나, 이 사람만은 끝까지 절개를 굽히지 않았다. 그리고 심양에 가 있는 동안 쓰라고 나라에서 내려준 은자도 일절 쓰지 않고 있다가 의주로 돌아와서 도로 조정에 바쳤다. 그 맑고 꿋꿋한 절조는 참으로 가상하다."

"신은 김상헌과 연배가 크게 차이가 나서 그에 대해서 잘 알지 못했습니다. 그런데 이번에 심양에서 몇 해 동안 함께 있으면서 보니, 다른 사람들보다 훨씬 뛰어난 점이 있었습니다. 김상헌은 생사의 위기가 눈앞에 닥쳐도 조금도 개의치 않았으며, 의주에서 심양으로 들어갈 때에도 너울너울 마음이 흔들리지 않고 태연한 기색으로 떠나갔습니다."

"거센 바람이 불어야만 강한 풀을 안다고 했다. 이 사람이야말로 남자다운 기상이 있는 사람이다. 다른 사람들은 일반적인 일로 심양에 들어가더라도 대부분 겁을 먹어 덜덜 떨기만 할 뿐 제대로 대처하지 못한다. 그런데 이 사람만은 그렇지 않다."

이때 인조는 청음의 이름을 직접 부르지 않고 김 판서라고 불렀다. 대개 임금이 신하를 부를 때 이름을 부르는 것이 일반적인 관례인데, 이렇게 부른 것은 청음을 몹시 존경하고 있다는 뜻을 보인 것이다.

의주에서 생일을 맞아 읊다

龍灣遇初度

고향 산의 솔숲 속에 무덤 잠겨 있거니와 故山松栢鎖幽宮
지난날에 즐겁던 일 꿈속으로 들어오네 疇昔歡娛入夢中
오늘에는 한잔 술을 어느 누가 올리려나 今日一杯誰爲進
흰머리로 천 리 밖서 눈물 줄줄 흘리누나 白頭千里泣無窮

의주에 도착한 청음은 아내 이 부인李夫人이 죽었다는 비통한 소식을 들었다. 이 부인은 안동에 있다가 지난 11월에 죽었는데, 그동안 소식이 통하지 않아 모르고 있다가, 이때서야 비로소 부음을 들은 것이다. 청음은 곧바로 신위神位를 만들어 놓고 곡하였다.

의주에 구류되어 있던 청음은 생일을 맞았다. 의주의 수령이 술과 안주를 보내왔다. 술상을 마주한 청음은 차가운 땅속에 묻혀 있는 아내에 대한 그리운 마음을 금할 수가 없었다. 자신이 나랏일을 하느라 여기저기 떠돌아다닌 탓에 평생을 같이하면서도 실제로는 같이 산 날이 얼마 안 되었다. 감회가 이는 것을 금할 수 없었던 청음은 산속에서 쓸쓸하게 홀로 누워 있을 아내에 대한 그리움을 시로 읊었다.

압록강에서 작별하면서 읊다

灣上賦別

나의 나이 이제 일흔세 살 됐는데　我年七十三
그대 역시 일흔 살의 나이 되었네　君年亦稀壽
삶과 죽음 지척 간에 놓여 있으니　死生咫尺間
헤어지면 어찌 다시 또 만나리오　離合復何有
변경 바람 새벽이라 매섭게 불고　邊風曉威重
얼음과 눈 살갗 뚫고 파고드누나　氷雪砭肌骨
길 가면서 내 마땅히 조심할 테니　去去愼所宜
아녀자가 이별하듯 슬퍼 마시게　毋爲兒女別

인조 21년 1643 1월에 청나라가 또다시 청음을 심양으로 끌고 갔다. 이계가 명나라 상선과 밀무역하다가 청나라에 발각되어 처형될 상황에 처하자, 이를 모면하려고 최명길 등 조정 신하들이 명나라와 밀통했다고 무고하였다. 이에 청나라에서는 최명길 등을 심양으로 끌고 가 구금하였고, 이어 청음도 이 일에 연루되었다고 하면서 심양으로 끌고 갔다. 이때 그의 나이 74세였다.

다시 심양으로 끌려가게 된 청음은 함께 의주에 와 있던 사람들에게 작별시를 남겨 주었는데, 위의 시는 이현영李顯英에게 준 시이다. 청음과 연배가 비슷했던 이현영은 청음을 다시 심양으로 떠나보내며 눈물을 금할 수 없었다. 청음은 오랑캐에게 끌려가면서도 가는 도중에 몸조심하면서 갈 테니 아녀자처럼 슬퍼하지 말라고 이현영을 위로하였다.

감회를 읊다
感懷

죽은 자는 참혹한 일 직접 당했고 死者遭慘酷
산 자는 또 온갖 곤욕 두루 받누나 生者受困辱
나의 곤욕 말할 만한 것도 못 되니 身辱不足說
나라 수치 무슨 수로 씻을 것인가 國耻何由雪
아득 멀리 천고 옛적 일 생각하나 緬懷千古上
그 사람은 바라다볼 수가 없구나 其人不可望
이내 생애 너무 늦게 태어났거니 余生生苦晩
하늘 보고 땅을 보매 맘만 상하네 俯仰徒傷惋

심양으로 끌려간 청음은 처음에 동관에 구금되어 있었다. 동관은 북관에 비해 지내기가 한결 편한 곳이었다. 어느 날 용골대가 청음을 불러 심문하였는데, 청음은 몸을 비스듬히 기대고 다리를 뻗고 거만한 자세로 앉아 있었다. 용골대가 물었다.

"그대가 국사에 간여하고 문신들을 선동하여 이계를 죽이라고 주장하였다는데, 그 말이 사실인가?"

청음이 답하였다.

"국가에서 이미 정한 일은 비록 조정에 있는 신하라도 다시 고칠 수가 없는 법이다. 더구나 죄를 입고서 타국에 나와 갇혀 있는 사람이 어떻게 간여할 수 있겠는가. 다만 이계는 할아버지와 아들과 손자 삼대가 나라를 등진 큰 죄를 지었으므로, 내가 대간으로 있을 때 논계하여 벌을 준 적은 있다. 이계가 이 때문에 나에 대해서 절치부심하며 독을 품고서 항상 보복할 생각을 하고 있었다. 이것은 우리나라 사람들이 모두 다 알고 있는 바이다."

청음의 말을 들은 용골대는 청음을 굴복시킬 수 없다고 판단하고, 다시 북관에 구류시켰다. 북관에 몸이 묶인 청음은 또다시 할 수 있는 일이 없어서 자신의 심회를 담은 시를 짓기도 하고, 또 함께 갇힌 사람들과 시를 주고받기도 하면서 보냈다.

명나라가 망한 것을 슬퍼하다

次右相鳳巖公韻

사신 되어 조회 가서 번갈아 빈객 되매　奉節朝周替作賓
바다 같은 황제 은혜 신하에게 미치었네　皇恩如海到陪臣
하늘과 땅 뒤엎어진 오늘날을 만나서는　天飜地覆逢今日
죽지 못해 끝내 의를 등진 사람 되었구나　未死終爲負義人

중원 땅은 주인이고 조선 땅은 빈객으로　中原爲主海隅賓
천하 만국 창생들은 모두 황제 신하라네　萬國蒼生共帝臣
삼백 년간 내려 주신 황제 은택 두터운데　三百年來恩澤厚
위태할 때 절개 바친 사람은 몇 안 되누나　臨危效節幾多人

북관에 구류되어 있던 인조 22년1644 4월 어느 날 청음은 하늘이 무너지는 충격적인 소식을 들었다. 자신이 그토록 섬기던 명나라가 망하였다는 소식이었다.

청나라와의 전쟁으로 인해 피폐해질 대로 피폐해진 명나라는 각 지방을 통제할 힘이 없었다. 이에 산서山西 지방에서 일어난 도적들이 침범하여 황성皇城이 함락되었다. 황제는 스스로 목매어 죽고 황후와 비빈들은 모두 분신자살하였다. 그러자 명나라 장수 오삼계吳三桂가 산해관을 열고 오랑캐들을 맞이하여 명나라가 완전히 멸망한 것이다. 명나라가 망하였다는 소식을 들은 청음은 분하고 애통한 마음을 금할 수가 없어 여러 편의 시를 지어 읊었다. 이 작품은 그 가운데 우의정 이경여李敬輿가 지은 시에 차운한 시이다. 이밖에 청음은 율곡栗谷의 「가소음可笑吟」이란 시에 차운하여 「가한음可恨吟」이라는 장편 시를 지어 명나라의 멸망을 한탄하기도 하였다.

이 시에 나오는 '중원 땅은 주인이고 조선 땅은 빈객'이라고 한 시구에서 명나라에 대한 청음의 인식이 어떠하였는지를 잘 알 수가 있다. 명나라에 대한 청음의 이러한 인식은 오늘날의 관점에서 보면 지나친 사대주의로 보일 수도 있다. 그러나 이러한 생각은 당시 조선 사대부들이 가지고 있던 공통적인 생각이었다. 청나라와의 화친을 주장하였던 최명길 등의 화친론자들 역시 명나라를 배격해야 한다고 생각한 것이 아니라, 우선 무력이 강한 청나라와 화친을 하여 그들의 비위를 맞추었다가 뒷날을 기약하자는 것이었다. 주전론자들의 주장은 명분을 중요시한 것이었고, 화친론자들의 주장은 현실을 중시한 것이었다. 그러므로 청음의 이러한 생각이 뒷날 조선 사대부들의 중심사상이 될 수 있었던 것이다.

맹영광에게 남겨 주다

留贈孟英光

육 년 동안 남관* 쓰다 이제 돌아가거니와　　六載南冠今始歸
붉은 충심 안 변해도 머리 세어 실과 같네　　丹心不改鬢如絲
이 뒷날에 그대 고향 강남 땅에 도착하면　　他年爾到江南日
하량*에서 눈물 속에 이별한 때 기억하소　　倘記河梁泣別時

청나라는 명나라를 멸망시킨 뒤 수도를 북경으로 옮기는 등 본격적으로 중국을 경영할 계획을 진행하였다. 그래서 그동안 혹시라도 조선이 명나라와 몰래 내통할까 걱정되어 잡아 두었던 조선의 왕자와 신하들을 볼모로 잡아 둘 필요가 없게 되었다. 이에 청나라는 볼모로 잡고 있던 이들을 점차 되돌려 보냈다. 그러나 청음 등 몇몇 중요 인사들은 끝까지 돌려보내지 않고 있었다.

* 남관南冠 : 춘추 시대 초楚나라의 악관樂官이었던 종의鍾儀가 진晉나라에 포로로 잡혀가 갇혀 있을 때 쓰고 있던 모자인데, 이 고사로 말미암아 후대에는 다른 나라에 포로로 잡혀가 갇혀 있는 것을 뜻하는 말로 쓰였다.
* 하량河梁 : 중국의 하수河水를 건너지른 다리인데, 한漢나라 때 이릉李陵이 이곳에서 흉노에 사신으로 가는 소무蘇武와 작별하였다. 이 고사로 인하여 후대에는 이별하는 장소를 뜻하는 말로 쓰였다.

심양에는 조선 사람뿐만 아니라 명나라 사람들도 끌려와 있었다. 그 가운데 명성이 자자한 맹영광孟英光이라는 화가가 있었다. 맹영광은 청음이 중국에 사신으로 갈 때 등주에서 만났던 오대빈과 고향이 같았다.

맹영광은 청음을 만나본 뒤 그의 의기에 감복하여 「연명채국도淵明採菊圖」라는 그림을 그려 청음에게 바쳤다. 이 그림은 도연명陶淵明의 시 가운데 가장 명구名句라고 일컬어지는 "동쪽 울 아래에서 국화 따 들고, 그윽하게 남산을 바라보네. 採菊東籬下 悠然見南山"라는 구절을 제재로 그린 것이다. 맹영광은 이 그림을 그리면서 국화꽃의 가운데 부분을 누런빛으로 그리지 않고 붉은빛으로 그려서 청음의 일편단심一片丹心을 기렸다.

청음은 맹영광과 이별하면서 심양에 끌려와서도 절개를 변치 않았던 그의 충심을 기리고, 후일에도 자신을 기억해 주기를 바라는 마음에서 위의 시를 지어 주었다.

표정준에게 지어 주다
贈表廷俊

위태로운 기미 아주 급박해진 뒤에 보니 火色蒼黃到十分
평소 의리 맺었던 것 그 모두가 가짜였네 平生結義摠非眞
위험한 길에서 날 잘 보살펴 주었거니 危途賴爾扶持力
세상에서 이런 사람 있는 줄을 누가 알리 世上誰知有此人

청음을 존경하여 자진해서 심양까지 따라온 표정준表廷俊이라는 하급 무관이 있었다. 그는 힘든 상황 속에서 한순간도 청음의 곁을 떠나지 않고 지켜 주었다. 그런 표정준이 먼저 귀국하게 되었다. 청음은 표정준이 자신을 지켜 준 데 대해 고마워하는 마음에서 긴 서문과 함께 시를 지어 주어 그의 행실을 기렸다. 그때 지어준 이 시의 서문은 다음과 같다.

"하급 무관인 표정준이 예전에 바닷가에서 나를 따라다녔는데, 영민하면서도 공손하고 근실하여 여러 차례 사람들에게 칭찬을 받았다. 근래에 내가 다시금 호랑이 소굴로 끌려 들어오게 되었는데, 위급하고 두려운 일이 많아 안팎 할 것 없이 평소 서로 알고 지내던 사람들조차 문안 오는 자가 드물었다.

그런데도 이 사람만은 집을 버리고 앞장서서 천 리 먼 길을 달려와서는, 갑자기 어려움을 만난 시기에도 떠나지 않고 나를 잘 지켜 주었다. 한 달이 가고 한 철이 지나도록 지친 기색을 보이지 않으니 함께 끌려온 여러 공이 이구동성으로 칭찬하고 인정하였다. 이것은 참으로 이미 많은 사람이 보고 들은 사실이다.

표정준은 일찍이 국난을 막아 내어 공훈을 기록한 책의 첫머리에 이름이 올랐고 목숨을 위협받으면서도 예전의 은혜를 저버리지 않았는데 지금 또 그가 이렇게 행동하였다. 이는 그의 천성이 의로움을 좋아하여 용감하게 자신을 돌보지 않고 처한 위치에서 반드시 발휘한 것이다. 어찌 바라는 바가 있어서 억지로 한 것이겠는가.

세상 사람들은 항상 무인들이 의리를 모른다고 헐뜯는다. 그러나 표정준과 같은 사람을, 글을 읽고 도를 떠들어 대면서도 말이 행동과 어긋나는 자들과 비교해 볼 때, 그 차이가 어떻겠는가? 그래서 내가 특별히 가상하게 여겨 돌아가는 그에게 이 시를 지어 준다."

제 9장

정적政敵과 화해하다

제9장 정적政敵과 화해하다

최명길은 1586년 선조 19 에 서울 금천에서 태어났다. 자는 자겸 子謙, 본관은 전주 全州, 호는 지천 遲川 이다. 20세 때인 1605년 선조 38 에 과거에 합격하여 출사하였으나 광해군 때 당시 조정을 장악하고 있던 북인들의 미움을 받아 삭직 削職 되었다. 이후 이귀를 중심으로 한 서인들이 인조반정을 모의할 때 참여하여 공신이 되었으며, 정권의 핵심 인물이 되었다.

인조반정의 가장 큰 명분 중 하나는 친명배금 親明排金 이었다. 후금은 이에 불만을 품고 정묘호란 1627 을 일으켰다. 정묘호란으로 인해 후금과 조선은 '형제의 맹약'을 맺었다. 최명길은 이 시기부터 후금과의 화친을 주장하여 척화를 주장하는 청음과 사사건건 대립하였다.

1636년 인조 14 에 후금은 국호를 청 淸 으로 고치고 종전의 입장을 바꿔 조선에 '군신 관계'를 강요했다. 청나라의 요구에 인조는 일전을 불사하겠다는 일념으로 척화파를 지지하였다. 그러나 전비를 채 갖추기도 전에 청군이 압록강을 넘어 쳐들어왔다.

같은 해 12월 8일 압록강을 넘은 청군의 선봉대는 6일 만에 서울 근교까지 진출하였다. 인조는 강화도로 피신하려다가 여의치 않아 남한산성으로 들어갔다. 그사이에 청 태종은 본내를 거느리고 내려와 남한산성을 포위하였다. 이때에도 최명길은 주화론을 주장하면서 청음과 격렬하게 대립하여 끝내 화친을 성립시켰다.

최명길은 인조가 남한산성에서 내려와 항복한 이후 우의정과 좌의정, 영의정을 거치면서 대청 외교와 대명 외교의 복잡한 문제에 대처하는 한편, 여러 가지 개혁 정책을 추진하면서 국정을 주도하였다. 그러는 와중에 최명길은 명나라와 내통한 사실이 발각되어 심양으로 끌려가 북관에 구금되었다. 청음 역시 얼마 뒤에 의주에서 다시 심양으로 끌려가 북관에 구금되었다.

북관에서 쇠창살을 사이에 두고 함께 갇혀 있던 청음과 최명길은 달리 할 일이 없었다. 이에 자신들의 감회를 읊은 시를 수없이 지어 주고받았다. 그러는 사이에 두 사람은 서로를 점차 이해하게 되어 지난날의 반목과 질시에서 벗어나게 되었다.

오랜 세월 대립하였던 청음과 최명길의 화해는 우리나라 역사에서 보기 드문 일이었다. 청음과 최명길의 화해로 이 두 집안은 이후 서로 반목하지 않았으며, 두 집안 모두 명문가가 되었다.

시를 통해 대화하다
次遲川春夜書懷韻

의주 땅과 요동 벌판 두 곳의 길을	鶴野龍灣路
삼 년 사이 두 차례나 오고 가누나	三年再往還
사람 인생 거품같이 헛것인 거고	人生一泡幻
세상의 일 가짓수가 많고도 많네	世事幾名般
새 힘으론 본디 바다 못 메우거니*	禽力難塡海
모기는 산 짊어진 걸 후회하누나*	蚊心悔負山
뉘 불쌍히 여기리오 심양 땅의 객	誰憐塞外客
꿈에서나 고향 나무 곁에 가는 걸	庭樹夢中攀

인조가 청 태종에게 항복한 이후 최명길은 정승으로서 국정을 주도하며 대청 외교와 대명 외교의 복잡한 문제에 대처하였다. 그러는

* 새 힘으론……메우거니 : 전혀 성공할 가망이 없는 것을 뜻하는 말이다. 정위精衛는 염제炎帝의 딸 여와女娃가 동해에서 놀다가 빠져 죽은 뒤 환생한 새로 늘 서산西山의 나무와 돌을 물어다가 동해를 메우려 했다는 전설이 있다.

* 모기는……후회하누나 : 적은 힘으로 무거운 짐을 떠맡은 것이 후회스럽다는 뜻이다. 장자莊子가 "천하를 다스리는 것은 바다를 걸어서 건너가거나 큰 강물을 파서 만드는 것처럼 힘들고, 모기에게 산을 지우는 것처럼 어렵다."라고 하였다.

와중에 최명길은 "조선은 종묘사직을 보존하기 위하여 어쩔 수 없이 청나라에 항복하였다."라는 내용의 글을 지어 독보獨步라는 중을 통하여 명나라로 들여보냈다.

그때 선천 부사宣川府使로 있던 이계란 자가 중국 선박과 몰래 밀무역을 하다가 청나라 사람들에게 발각되어, 청나라로 끌려가 심문을 받는 일이 일어났다. 이계는 자신이 살아날 목적으로 최명길이 명나라와 내통한 사실을 고자질하였다.

명나라와 내통한 사실을 알아낸 청나라에서는 최명길을 청나라 봉황성鳳凰城으로 불러 대질심문을 받게 했다. 최명길은 인조에게까지 여파가 미칠 것을 염려하여, "배를 마련해 중을 보낸 것은 내가 독단적으로 한 것이지, 임금이 명하신 것이 아니다."라는 내용으로 진술하였다.

청나라에서는 최명길을 다시 심양으로 압송해 북관에 구금하였다.

얼마 뒤 당시 의주에 있던 청음도 이 일로 인해 심양으로 끌려가 구금되어 최명길과 북관에서 쇠창살을 마주하고 갇혀 있게 되었다. 최명길은 심양으로 끌려와 구금된 데 대한 감회와 고향을 그리워하는 마음을 담아 다음과 같은 시를 지어 청음에게 주었다.

몸 여전히 객관 속에 갇혀 있어서	旅館身猶滯
고향 땅엔 꿈에서나 갈 수가 있네	家鄉夢獨還
남은 밤은 이제 막 사경 됐는데	殘更仍四鼓
많고 많은 시름 가닥 몇 천이런가	愁緒幾千般

북방 말은 북쪽 풀밭 그리워하고　　朔馬思燕草
남쪽 새는 남쪽 산을 그리워하네　　南禽戀越山
멀리서도 내 알겠네 위교*의 버들　　遙知渭橋柳
곱디고운 금빛이라 꺾을 만한 걸　　金嫩正堪攀

『지천집』 권3 「춘야서회봉정석실 春夜書懷奉呈石室」

최명길의 시를 받은 청음은 앞의 시를 지어 화답하였다. 청음의 화답 시를 받은 최명길은 평소에 청음을 흠모하고 있었다는 뜻과 심양에 끌려와 구금된 심정을 담아 다시 시를 지어 보냈다.

진작부터 맘속 깊이 우러렀거니　　夙心偏所仰
남은 빚을 모름지기 다 갚으리라　　餘債竟須還
묘한 시구 삼매경에 들었거니와　　妙句臻三昧
나그네 맘 둘이 서로 같음 알겠네　　羈懷覺一般
전란 먼지 중원 땅을 어둡게 하고　　戰塵昏赤縣
사냥 횃불 변방 환히 빛을 비추네　　獵火照陰山
고향 땅에 이곳 소식 전하고프나　　欲寄鄉書去
외기러기 아득하여 잡을 수 없네　　孤鴻杳莫攀

『지천집』 권3 「춘야서회봉정석실 春夜書懷奉呈石室」

* 위교渭橋 : 장안長安 부근의 위수渭水에 놓인 다리인데, 흔히 서울에 있는 다리를 가리키는 뜻으로 쓰인다.

이 시를 받은 청음은 최명길이 임금 곁을 떠나 있게 된 상황을 안타까워하는 마음을 담아 화답하였다.

저녁 햇빛 안 머물러 마음 상하고	暮景傷難駐
좋은 시절 안 돌아와 맘 애석하네	良時惜未還
한 근원에 대해 오직 길은 알지만	一原唯識路
세상 만물 갖가지의 이치 뉘 알랴	萬品孰知般
협사에겐 잘 벼린 칼 꼭 필요하고	俠士須磨劍
은자는 산속에 살길 좋아한다네	幽人好買山
한나라의 조정 있던 괴리의 영*은	漢庭槐里令
궁궐 난간 손을 들어 잡을 길 없네	宮檻不容攀

『청음집』 권12 **「부차復次」**

청음의 시를 받은 최명길은 고향으로 돌아가고 싶은 간절한 마음과 청음이 화답시를 보내준 데 대해 고마움을 담아 또다시 화답시를 지어 보냈다.

* 괴리槐里의 영令 : 한나라 성제 때 괴리의 영으로 있던 주운朱雲을 가리킨다. 주운이 성제에게 칼을 내려 주면 간신의 머리를 베겠다고 청하자 성제는 노하여 주운을 끌어내리게 하였다. 주운이 끌려 나가지 않으려고 어전의 난간을 잡고 버티자 난간이 그만 부러져 버렸다. 이후 주운은 임금에게 직언을 잘 하는 사람의 대명사가 되었다. 여기서는 최명길을 가리키는 말로 쓰였다.

온 천하에 군사들이 가득한 탓에	天下兵猶滿
봄 왔어도 나그네는 못 돌아가네	春來客未還
내 마음은 본디부터 한결같은데	此心元一致
세상 의논 딱하게도 여러 갈래네	世議苦多般
절기 이미 한식날이 되어 놀라고	節序驚寒食
돌아가고 싶은 혼은 고향 맴도네	歸魂遶舊山
공의 시는 구름이나 달과 같아서	公詩若雲月
우리를 뿐 따라잡을 수가 없구려	仰望未能攀

『지천집』 권3 「춘야서회봉정석실春夜書懷奉呈石室」

즐거웠던 때를 회상하다

次憶山中舊庄韻

내 일찍이 청평 땅에 잠시 갔다 돌아올 때	曾訪淸平暫往還
샛길 따라 그대의 집 가서 문을 두드렸네	偶從樵逕叩荊關
언덕 곁의 숲 가에는 두세 채의 집 있었고	依林傍塢兩三屋
물 건너편 이어진 봉 천 겹 산이 서 있었네	隔水連峯千疊山
산골짜기 서로 나눠 곁에 살고 싶었기에	便欲卜隣分洞壑
그윽한 꿈 꿀 때마다 아직 거길 오른다네	尙牽幽夢費登攀
봄 깊으니 복사꽃 뜬 물이 불어났을 텐데	春深正漲桃花水
한 굽이의 운계 시내 몇 곳 돌아 흐르려나	一曲雲溪幾處彎

청음은 선조 3년 1570 에 태어났고 최명길은 선조 19년 1586 에 태어나, 나이 차이가 16살이나 되었다. 그러나 두 사람은 집안 간에 친분이 있었고 사는 곳도 서로 멀지 않아서 나이 차이에도 불구하고 친분을 유지하고 있었다.

그러다가 인조반정이 일어났는데, 인조반정을 모의하는 데 참여하지 않았던 청음은 청서파에 속하고 모의에 참여한 최명길은 공서파에 속하여 점차 사이가 벌어지게 되었다. 이후 청나라와의 관계에서 청음은 척화론을 견지하고 최명길은 주화론을 주장하며 격렬하게 대립함으로써 서로 원수 보듯이 하게 되었다.

하지만 이후 두 사람은 심양의 옥에서 시를 주고받으면서 점차 서로를 이해하게 되었다. 그러던 어느 날 최명길이 옛날 젊은 시절에 서로 오가면서 우의를 나누던 일을 생각하고 다음과 같은 시를 지어 주었다.

이역 땅서 봄 가도록 돌아가지 못했거니	異域經春尙未還
옛날 집은 쓸쓸해져 솔숲 속에 잠겼으리	舊居寥落掩松關
강물 고기 따뜻한 날 운계의 물 좋아하고	江魚暖愛雲溪水
들판 학은 맑은 날에 석실산을 빙빙 돌리	野鶴晴盤石室山
넝쿨 길은 나그네가 찾아들게 할 것이고	蘿徑會容逋客到
계수 꽃은 늙은 신선 휘어잡기 기다리리	桂花留待老仙攀
하늘과 땅 차고 비는 이치 아주 분명하니	分明天地盈虛理
하얀 달은 구름 끝서 이울었다 또 차리라	素月雲端缺又彎

『지천집』 권3 「억산중구장봉정석옹憶山中舊莊奉呈石翁」

최명길의 시를 받은 청음 역시 옛날에 청평을 갔다가 돌아오면서 최명길의 집을 방문하였던 때를 생각하며 다시금 그곳을 찾아가고픈 마음을 담아 앞의 시를 지어 화답하였다.

상대방을 이해하다

次遲川韻

높은 하늘 오르기는 힘이 들거니　　天步艱難甚
시름 가닥 억만으로 얽히어 드네　　憂端億萬斯
우리들은 본디 자신 믿고 있는데　　吾人元自信
세상 사람들은 괜히 의심을 하네　　世路漫相疑
뱀 그림자 병을 낫게 할 수도 있고*　　蛇影能消病
양장판 길 위태로움 바꿀 수 있네*　　羊腸可轉危
타국에서 어느새 봄 반 지나가매　　他鄉春欲半
한 번 웃고 다시금 또 시를 읊누나　　一笑且吟詩

국내에서 대립할 당시 청음은 최명길이 송나라를 금나라에 팔아

* 뱀 그림자……있고 : 사람들이 괜히 의심하고 있는 것은 걱정할 필요가 없다는 뜻이다. 옛날 중국 사람 두선杜宣이 술을 마시다가 술잔에 뱀이 있는 것을 보았으나 마시지 않을 수 없는 자리여서 그대로 마셨는데, 그날 바로 복통이 일어나 다방면으로 치료하였으나 병이 낫지 않았다. 그 뒤에 벽에 걸려 있던 활의 그림자가 술잔에 뱀 모양으로 비친 것이었음을 알고는 병이 즉시 나았다고 한다.
* 양장판羊腸坂……있네 : 양장판은 산서성山西省에 있는 고갯길로 양의 창자처럼 꼬불꼬불하여 아주 위험한 곳이다.

먹은 진회秦檜와 다름없는 자라고 생각하였다. 최명길 또한 청음이 나라와 백성은 돌아보지 않으면서 오직 자신의 명예만을 추구하는 자라고 의심하였다. 그러나 북관에 갇혀서 시를 통해 대화를 주고받으면서 점차 서로를 이해하게 되었다. 위 시는 청음이 자신의 시에 매번 화답시를 보내주는 것을 고마워하면서 최명길이 지어 보낸 다음 시에 화답한 것이다.

머리 세어 시단에서 맹주였던 분	白首詞壇老
무슨 일로 재차 여기 오시었던가	緣何再至斯
조물주는 높은 이름 시기를 하고	名高造物忌
사람들은 높은 행실 의심을 하네	行獨衆人疑
뉘엿뉘엿 봄 한 철도 다 저무는데	荏苒三春晚
다급한 온갖 일들 다 위태롭네	蒼黃萬事危
시를 짓던 옛 습관을 버리지 못해	未能抛口業
자주 새 시 지어 화답하게 하시네	頻許和新詩

『지천집』 권3 「정석실 呈石室」

최명길의 시를 받은 청음은 사이가 점차 가까워진 것을 기뻐하는 내용을 담아 보낸 것이다. 그러자 화답시를 받은 최명길은 청음에게 의심을 품고 사사건건 대립하였던 지난날을 후회한다는 뜻과 앞으로 세상일에 관여하지 말고 시나 지으며 함께 세월을 보내자는 내용으로 다시 시를 지어 화답하였다.

내 일찍이 우러르며 존경했는데	百年懷仰地
속마음을 오늘에야 다 털어놓네	傾倒在今斯
저자에선 삼인성호* 하고 있으며	市裏寧三虎
맘속으론 온갖 의심 멋대로 하네	胸中謾九疑
지난 일들 후회되는 것 많았거니	向來多悔吝
무슨 수로 이 위난을 헤쳐 나가랴	何以辦艱危
세상만사 다시는 더 말하지 말고	萬事且休說
봄바람을 맞으면서 시나 짓지요	春風要賦詩

『지천집』 권3 「첩전운 疊前韻」

최명길이 재차 보낸 화답시를 받은 청음 역시 시를 지어 화답했다. 청음은 이 시를 통해 지난날의 의심을 풀고 우의를 회복하게 된 데 대해 감사하는 마음과 앞으로 귀국하게 되면 국사에는 관여하지 않고 시골로 물러나 그동안 읽지 못했던 책이나 읽으면서 살고 싶은 심정을 최명길에게 전했다.

* 삼인성호三人成虎 : 세 사람이 거듭해서 시장에 호랑이가 나타났다고 하면, 그 말을 들은 사람들은 정말로 시장에 호랑이가 나타난 것으로 믿게 된다는 뜻의 고사성어로, 거짓말도 거듭되면 끝내는 참말인 것처럼 여겨진다는 뜻이다.

좋은 시구 볼수록 더 묘하거니와 佳句看逾玅
고심한 게 바로 여기 있었으리라 回腸正在斯
두 대 동안 나눈 교분* 다시 찾아서 從尋兩世好
백 년간의 의심 몽땅 풀어 버렸네 頓釋百年疑
도가 높아 곧은 데로 돌아갈 게고 道勝終歸直
신령이 도와 절로 위험 벗어나리라 神扶自脫危
돌아가선 경국제세 일 사절한 채 還須謝經濟
예전 읽던 시와 서를 다시 대하리 重對舊書詩

『청음집』 권12 「부차 復次」

* 두 대……교분 : 청음과 최명길 집안이 선대 때 나눈 교분을 말한다. 최명길의 부친 최기남崔起南과 청음의 부친 김극효는 본래 같은 서인 계열로, 집안 간에 친분을 나눠 온 사이였다.

서로 자신의 뜻을 말하다
次

구불구불 연이어진 의주 가는 길	衮衮龍灣路
뭇사람들 차례차례 다 돌아갔네	群公次第歸
머리 허연 우리 둘만 가지 못하고	只留雙白髮
다 떨어진 봄옷 함께 입고 있구나	共弊一春衣
하늘 뜻은 아득 높아 묻기 어렵고	天意高難問
사람 정은 가까워도 쉬 어긋나네	人情近亦違
부디 그대 의아하게 여기지 마소	憑君莫輕訝
만사에는 모두 묘한 이치 있다오	萬事有神機

청음은 최명길이 청나라 사람들을 대할 때 말은 비록 부드럽게 하지만 죽음도 불사하고 자신의 지조를 지키는 모습을 보았다. 이에 최명길이 본래 지조가 없어서 오랑캐에게 굽힌 것이 아님을 분명히 알게 되었다.

최명길 역시 삶과 죽음이 눈앞에서 판가름 나는 상황에서도 꿋꿋하게 자신의 지조를 지키는 청음을 보았다. 이에 그동안 청음이 척화론을 주장한 것이 나라의 현실은 도외시하고 자신의 명예만을 드높이려고 그런 것이 아님을 분명히 알게 되었다.

어느 날 최명길이 타국에 볼모로 잡혀 있으면서 고향으로 돌아가지 못하는 심정을 읊은 시를 지어 청음에게 보냈다

타국 땅에 매인 몸에 병까지 들어	羈旅身仍病
고향 땅은 꿈에서나 찾을 수 있네	家鄕夢獨歸
참새들도 옛 둥지를 찾아드는데	雀猶尋舊穴
우린 아직 새 옷 갈아입지 못했네	人未換新衣
적적하게 이 봄이 또 다해 가는데	寂寂一春盡
온갖 계획 모든 게 다 어그러졌네	悠悠萬計違
여러 공이 각자 힘써 노력을 하면	諸公各努力
위태로운 일 절로 되돌릴 수 있으리	自可轉危機

『지천집』 권3 「정석실 呈石室」

청음은 앞으로 청나라 사람들을 대함에 권도權道를 써서 대하기보다는 정도正道를 써서 대하면서 하늘의 뜻에 맡기는 것이 더 좋을 것이라는 내용으로 앞의 시를 지어 최명길의 시에 화답하였다. 청음의 시를 받은 최명길은 다시 화답시를 지어 보냈다.

사람 정은 잠을 자는 새와 같거니	人情如宿鳥

저녁 되면 각자 돌아갈 곳을 아네　向暮各知歸
유독 봄을 그냥 보낸 나그네 있어　獨有經春客
아직까지 겨울옷을 입은 채 있네　猶穿過臘衣
임금 사랑하는 맘은 아직 있는데　愛君心尙在
나라 위한 일은 전부 어긋났구나　謀國事多違
의복* 그게 본디 하늘 도리인 건데　倚伏元天道
누가 능히 이 기틀을 주관하리오　誰能幹此機

『지천집』 권3 「우용전운 又用前韻」

최명길의 시를 받은 청음은 자신이 그동안 일에 원만하게 대처하지 못하여 지금과 같은 고초를 당하고 있는 것을 한스러워하면서 다음과 같은 화답시를 지어 보냈다.

백악 아래 내가 사는 집이 있어서　白嶽吾廬在
황사옥*서 밤중 꿈에 늘 돌아가네　黃沙夜夢歸
날리는 꽃 새로이 핀 학정매*이고　花翻新鶴頂
나는 제비 예전 보던 오의*이리라　燕拂舊烏衣

* 의복倚伏 : 화가 변해 복이 되고 복이 변해 화가 되는 것을 뜻한다.
* 황사옥黃沙獄 : 심양에 있는 옥으로, 청음이 여기에 갇혀 있었다.
* 학정매鶴頂梅 : 매화의 일종으로 열매가 크면서 붉다.
* 오의烏衣 : 제비의 이칭이다.

바람과 달 맘껏 즐길 수가 있으며 風月取無禁
친한 벗은 날짜 약속 안 어기리라 親賓期不違
어찌해야 이런 낙을 잘 보전하나 何方保此樂
원기*를 못 배운 것이 한이 되누나 恨未學圓機

『청음집』 권12 「부차復次」

청음과 최명길이 오해를 풀고 우의를 회복할 즈음에 용골대가 소현세자가 머무는 질관質館에 그들을 불러다 놓고 말하였다.

"이번에 황제께서 크게 은전을 베풀어 너희들을 특별히 석방해 세자가 있는 관소와 가까운 곳에 머물러 있게 하셨다."

말을 마친 용골대는 청음과 최명길이 차고 있던 수갑을 풀어 준 다음, 황제가 있는 서쪽을 향해 절을 올려 황제의 은혜에 사은하라고 하였다. 그 말을 들은 최명길이 청음의 팔을 잡고 함께 절을 하려고 하였다. 그러자 청음은,

"나는 허리가 아파서 절을 할 수가 없소이다. 공께서나 하시지요."

하면서 끝내 절을 하지 않았다. 용골대가 청음을 노려보면서 재차 절을 하라고 강요하였으나, 청음은 꿈쩍도 하지 않았다. 머쓱해진 최명길만 홀로 서쪽을 향하여 사배四拜를 올리고 꿇어앉아서 용골대에게 사례하였다.

* 원기圓機 : 선가禪家의 용어인데, 세상의 시비에 초탈하여 사물에 얽매이지 않는다는 뜻이다.

용골대는 최명길이 절하는 것을 본체만체하면서 오랫동안 눈을 부릅뜨고 청음을 노려보았다. 청음은 조금도 겁내지 않은 채, 용골대의 곁에 있던 소현세자에게만 허리를 구부려 사례하였다. 용골대는 청음의 뜻을 굽힐 수 없다는 것을 알고 어쩔 수 없이 청음에게 그대로 소현세자의 관소 근처에 머물러 있게 하였다.

당시에 청음과 최명길이 용골대 앞에서 한 행동은 전혀 달랐다. 그러나 이때 두 사람은 이미 서로 속마음을 이해하게 된 때였다. 그러므로 청음은 용골대 앞에서 절을 한 최명길을 전처럼 오랑캐에게 굽실댄다고 비난하지 않았고, 최명길도 청음이 상황에 맞게 처신하지 못한다고 비난하지 않았다.

경도와 권도*를 논하다

汝講經權有感韻

성패는 다 하늘 운에 달려 있거니	成敗關天運
오직 의에 맞는가만 보아야 하리	須看義與歸
아침저녁 비록 서로 뒤바뀌어도	雖然反夙莫
어찌 윗옷 아래옷을 바꿔 입으랴	詎可倒裳衣
권도 쓰면 현인도 혹 잘못되지만	權或賢猶誤
경도 쓰면 뭇사람들 못 어기리라	經應衆莫違
이치 밝은 선비에게 말해 주나니	寄言明理士
급할 때도 저울질을 신중히 하소	造次愼衡機

청음은 최명길과 오해를 풀고 화해하기는 하였지만, 최명길이 상황에 대처하는 방식까지 인정하지는 않았다. 어느 날 최명길이 오늘날과 같이 위급한 상황에 처해서는 경도經道에 따라 명분을 중시해 위

* 경도經道와 권도權道 : 경도는 정도正道와 같은 말로, 어떤 일에 대하여 정상적인 방도로 대처하는 것이고, 권도는 어떤 일에 대하여 임시방편을 써서 적절하게 대처하는 것이다.

험을 초래하기보다 권도權道를 써서 실리實利를 찾는 것이 옳다고 주장하면서 다음과 같은 시를 지어 보냈다.

고요 속에 뭇 움직임 살펴봐야만　靜處觀群動
진정 일을 원만히 잘 처리하리라　眞成爛漫歸
끓는 물도 얼음장도 같은 물이고　湯氷俱是水
털옷이나 베옷도 다 같은 옷이네　裘葛莫非衣
일이야 혹 때에 따라 다를지언정　事或隨時別
속맘 어찌 바른 도와 어긋나리오　心寧與道違
공이 능히 이 이치를 깨닫는다면　君能悟斯理
침묵함도 말함도 다 천기일 걸세　語默各天機

『지천집』 권3 「용전운강경권 用前韻講經權」

청음은 최명길의 생각을 심정적으로 이해할 수는 있었다. 그러나 어떠한 일에 있어서든 경도를 지키며 살아야 한다는 자신의 원칙을 바꿀 수는 없었다. 이에 청음은 경도에 따라 행함이 좋겠다는 내용을 담은 앞의 시를 지어 보냈다.

청음과 최명길이 주고받은 이 두 편의 시는 척화론을 주장하면서 경도를 따르고자 하였던 청음과 주화론을 주장하면서 권도를 써서 처리해 나가고자 하였던 최명길의 사상을 엿볼 수 있는 아주 중요한 시로, 이들을 언급하는 사람들이 반드시 한 번쯤은 거론하는 시이다.

그 당시에 청음과 같은 척화론자였던 이경여 역시 심양에 억류되어 있었다. 권도와 경도에 대해 논하는 시를 주고받는 최명길과 청음을 본 이경여는 다음과 같은 시를 지어 두 사람이 서로 오해를 풀고 화해한 것을 축하하였다.

두 어른의 경도 권도 각기 나라 위한 거로　二老經權各爲公
하늘 받친 큰 절개요 세상 구한 큰 공이네　擎天大節濟時功
이제 서로 원만하게 마음 합치되었는데　如今爛漫同歸地
두 분 모두 옥에 갇힌 백발노인 다 되었네　俱是南冠白首翁

『백강집』 권2 「정청음지천양상공 呈淸陰遲川兩相公」

이후 청음과 최명길은 가장 늦게까지 심양에 억류되어 있다가 인조 23년 1645 에 소현세자가 돌아올 때 함께 돌아왔다. 귀국한 뒤 청음은 곧바로 석실로 들어갔으며, 최명길 역시 청주로 돌아갔다. 최명길은 그로부터 2년 뒤인 인조 25년 1647 5월에 62세의 나이로 졸하여 청주 근처에 묻혔다. 청음은 효종조에 정승으로 있다가 효종 3년 1652 6월 25일에 83세의 나이로 졸하여 석실 뒤편의 산에 묻혔다.

제 10 장

대로大老로 존숭받다

제10장 대로大老로 존숭받다

청음은 소현세자 등과 함께 인조 23년 1645 2월에 귀국하였다. 처음 끌려간 때로부터 6년 만의 귀국이었다. 이때 그의 나이 76세였다.

고국으로 돌아온 청음은 처음에 서쪽 교외에 며칠 동안 머물러 있다가 석실로 들어갔다. 청음이 석실에 머문 지 두 달 정도 되었을 때 소현세자가 갑자기 졸하였다. 소현세자는 9년 동안의 인질 생활 끝에 귀국하였으나, 인조와의 갈등 때문에 돌아온 지 두 달 만인 4월 23일에 병석에 눕게 되고 4일 만인 26일에 급서하였다. 이 당시에 소현세자가 인조에 의해 독살되었다는 소문이 돌기도 하였다. 청음은 소현세자의 상에 나갔다가 다시 석실로 돌아왔다.

석실에 머물러 있던 청음은 이듬해 3월에 좌의정에 제수되었다. 벼슬살이할 마음이 없었던 청음은 서른두 번이나 상소를 올린 끝에 겨우 체차되었다. 이후 영돈녕부사 등 여러 직책에 제수되었으나 그때마다 사직하고 나아가지 않았다.

청음이 80세 되던 해인 인조 27년 1649 5월에 인조가 서거하고 효종이 즉위하였다. 청음은 석실로부터 대궐로 들어와 인조의 빈궁殯宮으로 갔다. 그러자 대관臺官들이 효종에게 "김상헌은 나라의 원로이고 백관의 사표로서, 바로 오늘날의 대로大老이니, 조정에 머물러 있게 하소서."라고 청하였다. 이에 효종이 특별히 승지를 보내 머물러 있으라는 말을 전하였으나, 청음은 그대로 석실로 돌아갔다.

효종은 일찍이 대군大君으로 있을 때 소현세자와 함께 심양으로 끌려가 치욕을 당한 적이 있었다. 즉위한 뒤에는 청나라를 쳐서 원수를 갚고 치욕을 씻을 뜻을 품고서 즉위한 해 8월에 청음을 좌의정에 제수하였다. 이에 청음은 여러 차례 상소를 올려 극력 사임하였으나 허락받지 못하였다.

청음이 좌의정으로 있는 동안 조정의 사태가 급박하게 돌아갔다. 효종이 청나라에 설욕할 뜻을 품고 반청파들을 조정으로 끌어들이자, 이에 위기를 느낀 친청파의 우두머리 김자점은 청나라와 내통하여 청나라에서 사신을 보내어 우리나라를 감시하게 하였다. 자신이 조정에 있으면 청나라의 위협이 계속되리라 판단한 청음은 상소를 올리고 석실로 돌아갔다.

석실로 돌아가 있던 청음은 효종 3년1652 병석에 누웠다가 6월 25일에 서거하였다. 이때 청음은 83세였다. 청음은 그로부터 두 달 뒤에 석실의 뒤편 산기슭에 묻혔다.

고국으로 돌아와 성문 밖에 머물러 있으면서 올린 상소

到門外陳情退歸疏

삼가 아룁니다. 신은 오랫동안 이역 땅에 억류되어 있으면서 온갖 고생을 다 겪었는데, 천지 부모와 같이 어진 성상께서 가련하게 여겨 주셨습니다. 돈 한 푼, 죽 한 그릇조차도 모두 마른 땅을 적셔 주는 비와 같은 은혜가 아닌 것이 없습니다.

실낱같은 신의 목숨이 오늘날까지 끊어지지 않아 다시금 고국으로 돌아와 대궐 문을 바라보게 되었습니다. 그러니 마른 나무에 꽃이 피고 썩은 뼈에 새살이 붙는 것으로도 성상의 은혜를 비유하기에는 부족합니다. 신은 감격스러운 이 심정을 가슴속 깊이 새기고, 죽어서도 잊지 않고 결초보은할 것입니다. 이것이 신의 지극한 소원입니다.

다만 생각건대 신은 임금의 명을 무시한 죄가 쌓여 점점 더 구렁텅이로 빠져들었기에, 가슴을 쓰다듬으며 두려움에 떨면서 아직까지 저의 실정을 명백하게 밝히지 못하였습니다. 그래서 감히 외람됨을 무릅쓰고 대궐 뜰에 나아가 크나큰 은혜에 공손하게 사례하지 못하였습니다. 게다가 거듭 질병이 들어 거동을 거의 못하고 있기에, 머리를 들어 대궐이 있는 곳을 바라보기만 할 뿐 대궐로 나아갈 수가 없습니다.

보잘것없는 신의 나이가 이미 팔순이 다 되어 가는바, 죽을 날이 얼마 안 남은 것을 생각하면 아침저녁으로 떨리기만 할 뿐입니다. 이제 시골로 돌아가면 영원히 성상을 뵈올 수 없을 것입니다. 짤막한 상소를 올리노라니 눈물만 흐릅니다. 신은 송구스럽고 황공한 마음을 금치 못하겠습니다. 이에 삼가 죽음을 무릅쓰고 아룁니다.

청음은 처음 의주에 심문을 받으러 갈 적에 이미 다시는 돌아오지 못할 것으로 생각하여 인조에게 영결을 고하고 떠났다. 그 뒤 자신은 이미 죽은 몸으로 자처하고 있었으므로 돌아온 뒤에도 곧바로 대궐로 들어가 인조를 배알할 수가 없었다. 이에 도성 안으로 들어가지 않고 서쪽 교외에 머물러 있으면서 위와 같은 내용으로 상소를 올렸다.

사정을 진술하는 상소

陳情疏

삼가 아룁니다. 신이 시골로 물러나 은거하고 있으면서 성상께서 승정원에 내리신 전교를 들었습니다. 신은 참으로 황공함을 금할 수 없으니 죽을죄를 짓고 또 죽을죄를 지었습니다.

신은 품성이 편협하고 막혔으며 식견이 어둡고 고루하여, 말을 하거나 일을 할 때에 일시적인 방편으로라도 의견을 굽혀 따르지 못합니다. 이에 걸핏하면 중용中庸의 도리를 행하는 이들에게 인정을 받지 못하였습니다. 이는 조정에서 함께 있던 신료들이 다 아는 바일 뿐만 아니라 전하께서도 환히 아시는 바입니다.

신이 6년 동안 타국에 있으면서 다행히 죽지 않고 마침내 고국에 돌아와 다시 전하를 뵙게 되었습니다. 이것은 모두 우리 전하께서 널리 베풀어 주신 은덕을 신이 입었기 때문입니다. 그러니 밤낮으로 감격하면서 가슴속에 굳게 새겨 놓은 사사로운 정을 어찌 글로 다 형용할 수 있겠습니까.

지난번에 도성에 이르러 서쪽 교외에 우거해 있으면서 목을 길게 빼고 대궐을 바라보노라니 기쁘기도 하고 슬프기도 하였습니다. 대궐 문 가까이 나아가 전하의 성대하신 위용을 우러러보고 싶은 마음이야 어찌 끝이 있었겠습니까.

돌이켜 볼 때, 신이 수년 전 심양으로 가던 날에 애당초 영원히 전하를 하직하는 것이라고 여겼습니다. 그러므로 오늘날 전하의 분명한 명령이 없으면 감히 함부로 나아갈 수 없습니다. 그 당시에 어찌 오늘과 같은 일이 있을 줄을 알았겠습니까.

신은 삼가 내관이 전해 온 명을 듣고 저도 모르게 눈물이 흘러 옷깃을 적셨습니다. 신의 이 사정은 귀신이 살펴보고 아는 바입니다. 신이 지금 고국에 돌아와 상소를 올리고 10일 동안 성 밖에서 기다렸던 것은, 전하의 분명한 명령이 없어서 감히 함부로 나아갈 수 없었기 때문입니다.

그렇지 않다면 신이 늙고 병든 몸이라 비록 조정에 나아가 온 힘을 다해 직임을 수행하지는 못할지라도, 전하의 맑은 풍채를 한번 바라보는 것이 진실로 신의 지극한 소원인데, 어찌 차마 이렇게 무심하게 있을 수 있겠습니까. 그렇다고 해서 공공연히 말하여 뵙기를 청하는 것도 신으로서는 감히 할 수 있는 일이 아닙니다.

신의 마음은 분명하고 분명하여 털끝만큼도 꾸밈이 없습니다. 다만 신의 가묘家廟가 도성 안에 있으므로 신이 한번 배알하였는데, 이것은 진실로 군신 사이와 부자 사이에는 은혜와 의리의 차이가 있어, 때에 따라 예법이 서로 같지 않기 때문이었습니다.

신은 조정에 있으면서 한 일이 보잘것없었으며 평소에 한 언행도 전하의 믿음을 얻지 못했는데 전하의 위엄이 진동하는 상황을 만나 감히 머리를 쳐들고 원통함을 하소연하고 있습니다. 이는 실로 신의 죄이고 신의 죄입니다. 신이 팔순이 다 된 나이로 천 리 길을 오고 나니, 기력이 이미 다 고갈되어 팔다리가 말을 듣지 않습니다. 이에 자진해서 형벌을 주관하는 관원에게 나아가 처벌을 받지 못하고 외람되이 상소를 올리니, 이 또한 신의 죄입니다. 신은 황공스럽고 떨리는 마음 가눌 수 없어 삼가 죽음을 무릅쓰고 아뢰니다.

청음이 성문 밖에서 앞의 상소를 올리고 교외에서 임금의 명이 내리기를 기다리고 있다가 석실로 돌아가자 승정원에서 인조에게 아뢰었다.

"김상헌은 환난을 당하여 끝까지 마음을 변치 않았으니, 천길 절벽 같은 굳은 절조는 천고에 드문 바입니다. 만 번 죽을 뻔한 위험을 겪고 거듭 살아 돌아오게 된 것은 온전히 그의 의열義烈이 청나라를 감동시킨 덕분입니다. 그러니 어찌 천하 후세에 크게 할 말이 있지 않겠습니까.

진실로 특별히 위로하고 달래는 말씀을 내리시어 그를 가상하게 여겨 장려하는 뜻을 보여야 할 것입니다. 그런데 사정을 진술하고 물러가겠다고 고한 그의 상소에 대해서 비답조차 내리지 않으셨습니다. 이것이 어찌 사람들이 바라는 바이겠습니까?"

그러자 당시 청음을 고깝게 생각하고 있던 인조가 답하였다.

"이 사람은 고국에 살아 돌아왔으나 또다시 궁궐로 오지 않았으니, 이는 또한 벼슬하기를 탐탁지 않게 여기는 것이다. 나는 지금 몹시 부끄러워 얼굴을 붉힐 뿐인데, 무슨 위로하고 달랠 말이 있겠는가. 또 그의 상소에 나를 배알하고 싶어 하는 뜻이 별로 없었는데 '배알할 길이 막혔다.'라고 하는 것 또한 이상하지 아니한가?"

인조가 자신에 대해 불만스러워하는 뜻을 내비쳤다는 소식을 들은 청음은 감히 편안하게 집에 있을 수가 없어서 다시 위의 상소를 올려 자신의 심정을 아뢰었다.

한밤중에 일어나 읊다

夜坐

나무 끝에 서늘바람 불어서 오고	高樹凉風動
둥지에는 이슬 맞은 까치 추운데	危巢露鵲寒
환한 달빛 창 뚫고 와 부수어지고	月華穿戶碎
산 기운은 가슴속에 들어와 눅네	山氣入懷寬
평생토록 품었던 뜻 쓸쓸도 한데	落落生平志
사별한 이 얼굴 모습 흐릿하구나	依依死別顔
한 몸에 온갖 걱정 품고 있기에	一身兼百慮
홀로 앉아 새벽 오길 기다리누나	孤坐到宵殘

석실에 머물던 어느 가을날, 청음은 한밤중에 잠에서 깨었다. 바깥에서 찬바람이 부는 소리가 들리고 달빛이 창문 사이로 스며들고 있었다. 다시 잠들지 못한 청음의 가슴속에 지난 일에 대한 후회와 앞으로의 나랏일에 대한 걱정, 죽은 아내에 대한 그리운 마음이 한꺼번에 일어났다. 밀려오는 생각들을 금할 수 없었던 청음은 위와 같이 한 수를 지어 읊었다.

송시열에게 보낸 편지

與宋英甫

지난번에 길을 가면서 빙 돌아 멀리까지 찾아와 주었기에 평소에 그리워하던 마음에 몹시 위로가 되었네. 다만 늙고 병들어서 정신이 혼미한 탓에 차분히 대화를 나누지 못한 것이 서운하였네.

그러던 차에 이생李生이 와서 안부를 묻는 편지를 전해 주니, 다시 마주 앉아 맑은 담소를 나누는 것처럼 황홀하여 고마운 마음이 더욱더 깊어지네. 다만 누누이 나에게 당부하는 말은 늙고 졸렬한 내가 감당할 만한 것이 아니라 부끄러워 어찌할 바를 모르겠네.

나는 여름을 지내면서 더욱 쇠약해졌는데, 가을이 되어도 회복되지 않아 가녀린 숨을 몰아쉬면서 죽을 날만을 기다리고 있네. 앞으로 다시 만날 수 있을까 생각하니 아득하기만 하네. 그저 부모님 모시고 학문에 힘쓰는 것이 나날이 더욱 좋아져서 멀리서 그리워하는 나의 마음에 부응해 주기만을 바라네. 눈이 피로하여 대충만 쓰네.

인조 23년 1645 5월 청음은 석실에 머물고 있었다. 이때 우암 송시열은 아직 젊은 나이로, 조정에 나아갈 뜻이 없어서 벼슬을 마다하고 충북 영동에 있는 한천정사寒泉精舍에서 학문을 닦고 있었다.

평소에 청음의 충절에 대한 소문을 듣고 청음을 대의大義의 종주宗主로 여기고 있던 송시열은 존경하는 마음을 금할 수 없었다. 이에 청음에게 장문의 편지를 올려 한번 찾아뵙고 가르침을 받고 싶다는 뜻을 전하였다.

편지를 올린 뒤에 송시열이 청음을 찾아가자, 청음은 송시열을 자신의 집에 머물게 하고는 함께 글을 읽기도 하고 시사에 대해 논하기도 하면서 며칠을 보내었다. 그 이후에도 청음과 송시열은 서신을 주고받으며 학문에 대해 토론하기도 하고 시사에 대해 논하기도 하였다.

이 만남을 통해 청음을 더욱더 존경하게 된 송시열은 청음의 존주대의尊周大義와 숭명배청崇明排淸의 정신을 자신이 평생 가슴속에 품고 실천해 나가야 할 좌우명으로 삼았다.

임금이 의원과 약물을 내려 준 것에 대해 사례하다
病中上命再遣內醫 連賜藥物 蒙恩獲蘇 感恩有作

어의가 약 싸 들고 밤에 집을 찾아오니	太醫賫藥夜臨門
하나하나 대궐에서 나온 귀한 약재이네	一一分從內府珍
늙어 병든 이 몸에도 아직 뼈가 남았거니	老病此身猶有骨
황천에 간다 해도 이 은혜에 감격하리	九原終作感恩人

효종 3년 1652 6월 시름시름 앓던 청음은 병세가 전과 같지 않아 완전히 병석에 눕게 되었다. 청음이 병들어 누웠다는 소식을 들은 효종은 어의御醫를 보내어 병세를 살펴보게 하고 대궐에 보관하고 있던 약재도 보내 주었다. 이에 감격한 청음은 시를 한 수 지어 임금의 은혜에 사례하는 뜻을 표하였다.

죽은 뒤에 올린 상소
遺疏

삼가 아룁니다. 신은 본래 용렬한 자질을 가진 몸으로 요행히 여러 대의 조정에서 은혜를 입어 높은 지위에 오르게 되었습니다. 그런데도 티끌만 한 보답도 하지 못하고 한갓 죄만 쌓아 왔습니다. 병자호란 이후로는 벼슬할 생각을 끊었으며, 중간에 화를 당하여 온갖 고난을 두루 겪었습니다.

그러다가 뜻밖에도 선왕께서 초야에 있던 신을 부르시어 정승의 자리에 두셨습니다. 신은 은혜로운 명에 감격하여 마지못해 한번 나아갔으나, 허물만 쌓은 여생이라 힘을 쏟을 가망이 없었습니다. 이에 조상의 묘소가 있는 고향 땅으로 물러나 지내면서 죽을 날만 기다리고 있었습니다.

신은 성상을 만나 남다른 은총을 과분하게 받았습니다만 쇠약한 몸이라 보답할 길이 없었습니다. 이에 저는 단지 선비들을 잘 기르고 나라의 기강을 진작시켜 성상의 새로운 교화를 펴는 데 만분의 일이나마 보답을 하고자 하였습니다. 그런데 불행히도 일이 마음과 어긋나서 뜻을 조금도 펴 보지 못한 채, 성상의 은덕을 저버리고 낭패하여 돌아왔습니다.

그 뒤로 근심 걱정으로 병이 점점 더 악화되어 고질이 되었고 지금에 이르러서는 목숨이 거의 다하게 되었습니다. 그러니 이번 생에는 더는 용안을 우러러 뵐 수 없게 되었습니다. 이에 멀리 대궐을 우러러보며 살아서는 목숨을 바치고 죽어서는 결초보은하겠다는 충심만 더할 뿐입니다.

삼가 바라건대 전하께서는 처음 왕위를 물려받으실 때에 품었던 뜻을 더욱더 가다듬으시고, 어진 이를 좋아하는 정성을 버리지 마소서. 또한 착한 사람을 등용하여 훌륭한 정치를 이루고, 실제적인 덕을 잘 닦아 왕업을 넓히소서. 그리하여 우리 동방이 억만년 동안 무궁하게 융성할 수 있는 큰 기반을 닦으소서. 그렇게 하신다면 신은 비록 죽어서 구천에 가 있더라도 여한이 없을 것입니다. 후략

효종 3년 1652 6월 25일 청음은 세상을 떠났다. 임종 직전 이제 붓을 잡을 힘조차 없어진 청음은 아들과 손자들을 불렀다. 지필묵을 준비하고 자신이 부르는 대로 받아 적게 하고는 자신이 죽은 뒤에 임금에게 올리라고 하였다. 마지막으로 충정을 바칠 유소遺疏를 지은 것이다. 청음이 죽은 뒤 자손들이 올린 이 상소를 읽고 효종은 이렇게 전교하였다.

"하늘이 어진 사람을 남겨 두지 않고 내게서 원로를 앗아갔으니, 매우 슬프고 슬프다. 이 유소를 보니 말이 아주 간절하고 훈계가 매우 지극하다. 나라 위한 충성이 죽음에 이르러서 더욱 독실하였으니 몹시 탄복한다. 가슴 깊이 새기지 않을 수 있겠는가."

자손에게 남긴 유언
遺戒

묘 앞에는 비석을 세우지 말고 작은 묘표墓標만 세우고 관향貫鄕과 성명만 기록하라. 상제喪祭와 길제吉祭는 화려하고 사치스럽게 꾸미느라 예제禮制를 소홀히 하는 일이 없도록 하라. 사당을 옛 제도대로 회복하지 못하여 유감스럽기 그지없으니, 집안의 물력物力이 다시 지을 만하게 되기를 기다려서 먼저 사당을 세우되, 한결같이 옛 제도대로 하여 나의 뜻을 이루어 주기 바란다.

초상 때 관棺은 크고 높게 하지 말고 옷가지와 이불은 몸이나 겨우 두를 정도로 하며 매장하는 데 쓰는 여러 도구는 검소하게 준비하는 데에 힘써서 나의 평소 뜻을 저버리지 말라. 영침靈寢에는 붓과 벼루 및 평상시에 읽던 책 몇 질을 놓아두라.

청음은 자신의 목숨이 얼마 안 남았음을 알고 아들 광찬과 손자 수증, 수흥, 수항을 방으로 들어오라고 불렀다. 아들과 손자들이 모두 들어오자 청음은 문갑에서 봉함해 놓았던 글 두 통을 꺼내 오게 하였다. 먼저 한 통을 광찬에게 주면서 거기에 쓰여 있는 대로 하라고 명하였다. 청음이 부모상을 당하여 여묘살이를 하고 있을 적에 자신이 죽은 뒤에 자손들이 보라고 써 놓은 유계遺戒였다. 다른 하나는 청음이 지은 자신의 묘지명이었다.

유계 안에는 묘소 앞에 비석을 세우지 말 것과 간소하게 장례를 치를 것, 사당을 다시 지을 것 등의 내용이 쓰여 있었다. 청음은 평생 청렴한 생활을 하여 인조 14년1636 여름에 청백리에 선발되기도 하였다. 이 유계는 청음의 고결하고 검소한 정신을 잘 보여 준다.

청음 자신이 지은 묘지명
自撰墓誌銘

지성은 금석에다 맹세하였고	至誠矢諸金石
대의는 일월에다 매달았네	大義懸乎日月
하늘과 땅이 굽어살피시고	天地監臨
귀신에게 물어봐도 알 수 있네	鬼神可質
옛날 도에 부합하길 바랐건마는	蘄以合乎古
오늘날에 도리어 어긋났구나	而反盭於今
아아, 백대 세월 흐른 뒤에는	嗟百世之後
사람들이 나의 마음 알아주리라	人知我心

청음에게는 여느 관인官人과 크게 다른 점이 두 가지가 있다. 하나는 묘소 앞에 신도비神道碑 없이 묘갈명을 적은 아주 작은 비석 하나만 세워져 있는 것이고, 하나는 청음의 이력과 행적을 적은 행장行狀이나 시호諡號를 청하기 위한 시장諡狀이 없다는 것이다.

신도비는 왕이나 정2품 이상 고관의 무덤 앞이나 무덤으로 가는 길목에 세워 죽은 이의 사적을 알 수 있게 하고 업적을 기리는 비석이다.

청음의 무덤 앞에 신도비가 없는 것은 청음이 생전에 자신의 묘소 앞에 신도비를 세우지 말라고 명하였기 때문이다.

청음은 심양의 감옥에 갇혀 있을 적에 자신이 그곳에서 풀려나지 못한 채 죽게 되리라고 생각하였다. 이에 '자신이 행한 일은 한 점 부끄러울 것이 없으며, 먼 후대에는 자신의 뜻을 알아줄 것'이라는 내용의 이 짤막한 묘지명을 지어 놓은 다음, 이를 돌에 새겨 무덤 속에 파묻게 하였다. 오랑캐 나라를 황제의 나라로 섬기게 된 세상에서 자신의 행적을 거창하게 드러내 보이고 싶지 않았던 것이다.

행장은 죽은 사람의 행실을 간명하게 써서, 행장을 보는 이가 죽은 사람을 직접 보는 것처럼 그 일생을 알 수 있게 하는 것이다. 큰 인물이 죽은 뒤에 조정에서는 행장을 기초로 하여 시장을 지어 올리게 한 다음, 이 시장을 보고서 그 사람의 일생을 드러내기에 적당한 시호를 의논하여 정한다.

청음이 세상을 떠나고 얼마 뒤에 효종은 청음을 영의정에 추증하고 "시장이 올라오기를 기다리지 말고 시호를 의논하라."라고 명하였다. 예조에서 몇 개의 시호를 정해 올리자, 효종은 '문정文正'이라는 시호에 낙점하였다.

시장이 올라오기를 기다리지 않고 시호를 내려 주는 것은 아주 특별한 예로, 퇴계 이황에게 문순文純이라는 시호를 내려 줄 때 이렇게 한 적이 있다. 시호를 내려 주는 법에 따르면, '학문을 부지런히 하면서 묻기를 좋아하는 것勤學好問'을 문文이라 하고, '바른 도리를 행하는 것以正服之'을 정正이라고 한다. '문정'은 문관에게 최고의 예우를 갖춘 시호이다.

제11장

별이 되어 빛나다

제11장 별이 되어 빛나다

청음이 죽고 난 뒤에 온 나라 사람들은 슬픔에 빠졌다. 청음에 대한 조선왕조실록의 사평史評에서는 중국 역사상 최고의 충신으로 꼽는 문천상文天祥에 견줄 정도로 그의 절의를 높이 평가하였다.

청음이 죽은 뒤에도 효종은 계속해서 북벌 정책을 추진하였으나 국내외의 상황은 여의치 않았다. 당시 조정은 여전히 청나라의 감시를 받고 있었으므로, 드러내 놓고 북벌 정책을 추진할 수 없었다. 그 뒤 효종 10년1659에 효종이 41세의 나이로 갑자기 서거하자 북벌 정책은 결국 좌절되고 말았다.

그러나 청음의 존주대의尊周大義와 숭명배청崇明排淸의 정신은 조정 관료들과 사대부들 사이에 면면히 계승되었다. 이들은 여전히 조선을 명나라의 계승자로 자부하면서 청나라의 연호 대신 명나라의 마지막 황제 의종毅宗의 연호 숭정崇禎을 사용하였으며, 조선 각지에 존주대의, 만절필동萬折必東*, 숭

*만절필동萬折必東 : 강물이 만 번 꺾여도 반드시 동쪽으로 향한다는 뜻으로 『순자』「유좌宥坐」에 나오는 말인데, 명나라 황제에 대한 조선의 변함없는 충성을 의미한다.

정일월崇禎日月 등의 글귀를 새겨 놓기도 하였다.

또한 전국 각지의 유림儒林들이 청음의 정신을 이어받고자 석실, 제주, 정주, 종성鍾城, 의주, 상주尙州, 남한산성 등에 청음을 기리는 서원을 세웠다.

청음에 대한 사신史臣의 논평

사신은 논한다. 옛사람이 말하기를 "문천상文天祥이 송나라 왕조 삼백 년의 정기正氣를 모두 거두어들였다."라고 했는데, 세상의 논자들은 "문천상 이후로 그런 사람은 오직 동방의 김상헌 한 사람뿐이다."라고 하였다.

청음이 세상을 떠났다는 소식은 곧바로 대궐에 알려졌다. 청음의 부음을 들은 사관은 청음의 졸기卒記를 썼다. 졸기란 '죽음에 대한 기록'이다. 『조선왕조실록』에는 중요한 인물이 죽었을 경우 그 사람이 죽은 날짜에 졸기가 실려 있다. 이 졸기를 보면 그 사람의 일생과 그 사람에 대한 당대의 평가가 어떠했는지 알 수 있다.

청음의 졸기를 보면 청음의 일생을 지나치다 할 정도로 아주 상세하게 적어 놓았다. 아마도 실록에 실린 졸기 중에 청음의 졸기가 가장 길 것이다. 청음이 당대에 얼마만큼 존경을 받았는지 잘 알 수 있다.

청음에 대한 사평史評은 졸기에 비해 지나칠 정도로 짧다. 그러나 이 짧은 사평은 사관이 청음에게 바칠 수 있는 최고의 찬사였다. 사관은

"문천상 이후로 그런 사람은 오직 동방의 김상헌 한 사람뿐이다."라고 했다.

문천상은 남송南宋 말기의 충신이다. 원나라 군대가 송나라로 쳐들어왔을 때 그는 가산을 모두 털어 군비로 충당하였으며, 남송이 멸망한 뒤에도 군사를 끌어모아 싸우다가 패해 포로로 잡혀 연경燕京에 3년 동안 구금되었다. 그 뒤 원나라 세조世祖가 벼슬하기를 간절히 권하였으나 끝내 거절하고 처형당하였다.

청음이 '문천상의 이후로 오직 한 사람'이라고 한 것은, 그가 최고의 충신이자 절사節士임을 드러낸 말로 다른 어떤 말보다 최고의 기림을 받은 것이라 하겠다. 청음의 일생은 이 한마디 말 속에 다 들어 있다.

우암 송시열이 지은 만사

몇몇 해나 마음 홀로 고심하고 고심했나	幾年心事獨間關
외로운 달 분명하게 간담 내려 비추었네	孤月分明照膽寒
육희* 노래 아뢰어서 문천상 뒤 이었으며	歌奏六噫賡宋瑞
천고토록 맑은 바람 백이숙제* 뒤따랐네	風淸千古嗣西山
그 당시에 군탄 눈물* 다 흘리지 못하였고	當時不盡涒灘淚
오늘에는 진췌 탄식* 부질없이 하는구나	此日空成殄瘁嘆
영원토록 선생 정령 없어지지 아니하여	終古精靈應未泯
별빛처럼 찬란하게 빛나는 걸 보게 되리	佇看星彩尙斑斕

『송자대전 宋子大全』 권4 「청음김선생만 淸陰金先生挽」

* 육희六噫 : 여섯 번 탄식한다는 뜻으로, 송나라의 충신 문천상이 나라가 어지러워지는 것을 보고 탄식하면서 지은 노래이다.
* 백이숙제伯夷叔齊 : 은殷나라의 두 충신이다. 주周나라가 은나라를 멸망시키자 주나라의 곡식을 먹을 수 없다며 수양산에 들어가 고사리를 캐 먹으며 살다가 죽었다.
* 군탄涒灘 눈물 : 군탄은 옛 간지로 신申에 해당되는 바, 북송이 개국한 경신년950 을 가리킨다. 주자가 북송이 망한 뒤 중흥하지 못하는 것을 슬퍼하였던 데서 나온 말로, 여기서는 명나라가 청나라에 망한 갑신년1644 인조22 을 가리켜, 명나라의 멸망을 슬퍼한다는 뜻이다.
* 진췌殄瘁 탄식 : 『시경』에서 나온 말로, 나라의 원로가 죽은 것을 탄식하는 것을 말한다.

청음이 세상을 떠났다는 소식이 전해지자, 온 나라 사람들은 슬픔에 빠졌다. 임금은 승지를 보내어 애도를 표하였고, 세자 역시 청음의 빈소가 있는 쪽을 향하여 곡을 하면서 슬픔을 표하였다. 조정 관원들은 모두 관례에 따라 애도를 표하는 예를 행하고, 성균관 유생들은 한 곳에 모여서 곡을 하면서 슬퍼하였다. 청음과 가까운 관계에 있던 사람들은 모두 만사輓詞를 지어서 청음의 충절을 기리고 자신의 슬픔을 표하였다.

송시열은 스승으로 여기던 청음의 부음을 듣고 청음의 행적이 문천상과 백이숙제, 주자와 비슷하다는 내용의 만사를 지어 조문하였다.

잠곡潛谷 김육金堉이 올린 제문

아아 내 맘 슬프고도 슬프구나	嗚呼哀哉
우리 선생 크나큰 절개를 보고	先生大節
중국이나 오랑캐들 다 놀랐으니	驚震華夷
백대 세월 흘러가도 감동할 텐데	曠百猶感
더군다나 같은 시대 사는 우리랴	而況同時
공은 나의 아버지와 친구 사이고	在父爲執
그 아들인 나에게는 스승이시니	在子爲師
사랑하고 공경하는 나의 마음은	愛敬存心
시종일관 변치 않고 계속되었네	終始不移
남쪽으로 와선 서문 지어 주었고	南來之序
심양에선 시를 지어 화답했거니	北征之詩
나의 마음 끝내 아니 변하리란 걸	我心匪石
공께서도 아시고서 인정해 줬네	公許相知
그런데도 어쩌다가 말년 되어서	如何末路
틈 벌어져 서로 허물 찾게 되었나	甚間尋疵
걱정스런 마음으로 근심하던 중	憂心悄悄

아첨꾼들 참소 마구 해대어서네　　貝錦南箕
의심하게 된 건 바로 이 때문이니　　投杼則是
참소하는 것이 어찌 옳다고 하랴　　此物奚宜
그 옛날에 내가 이곳 왔었을 때엔　　昔我來斯
만나 뵙고 즐기면서 기뻐했는데　　捧袂歡怡
지금 다시 이곳으로 내 와서 보니　　今我來斯
골짜기와 시내 온통 슬픔뿐이네　　谷哀谿悲
허연 눈은 온 산 가득 뒤덮고 있고　　白雪滿山
푸른 솔은 그 자태를 뽐내고 있네　　蒼松挺姿
부는 바람 맞으면서 한 번 곡하자　　臨風一慟
마치 맑은 용모 다시 뵙는 듯하네　　怳拜淸儀
술 한 잔을 따라 앞에 올리고서는　　單盃漬綿
공경스레 향 피우고 제문 올리네　　瓣香陳辭
저 황천길 길 위에서 만나게 되면　　九重泉路
다시금 또 품은 생각 모두 사뢰리　　更盡心期

『잠곡유고』 권9 「제청음선생문 祭淸陰先生文」

선조 13년 1580 에 태어난 잠곡 김육은 청음보다 10살 아래였다. 두 집안은 선대 때부터 친분이 있었으며, 잠곡이 살았던 평구平丘와 청음이 살았던 석실 사이의 거리가 가까워 두 사람은 젊은 시절부터 왕래하였다. 잠곡은 청음을 스승으로 대우하였다.

광해군 때에는 두 사람 다 조정에서 물러나 청평과 석실에서 지내면서 서로 오가기도 하였다. 이때 잠곡은 석실에 들러 묵으면서 다음과 같은 시를 짓기도 하였다.

기나긴 밤 고요하고 날 안 밝아 괴로운데	長夜沉沉苦不明
찬 비바람 부는 속에 삼경 밤이 지나갔네	北風寒雨過三更
닭 꼬끼오 우는 거야 제 분수라 하지마는	鷄聲喔喔雖常分
새벽어둠 헤치고서 홀로 우는 것이 좋네	喜爾凌晨獨也鳴

『잠곡유고』 권2 「석실여청음동숙 石室與淸陰同宿」

두 사람은 인조반정 이후 같이 조정에 나아가 활동하면서 계속 친분을 유지하였다. 병자호란 이후에는 함께 심양에 끌려가 있으면서 시를 주고받으며 외로움을 달랬다. 이때 잠곡이 청음에게 보낸 시 가운데 다음과 같은 작품이 있다.

오랑캐 땅 황룡부*의 나그네 되어	爲客黃龍府
억류되어 있는 사이 중춘 되었네	淹留已仲春
그 어떻게 한식날을 견디어 내리	那堪逢熟食

* 황룡부 黃龍府 : 거란契丹에서 설치한 부의 이름인데, 여기서는 심양을 가리킨다.

나 혼자서 좋은 날을 보내는구나　獨自過佳辰
석실은 높은 산의 아래에 있고　石室高山下
금촌*은 큰 강의 물가에 있네　金村大水濱
선산에는 향불 연기 자욱하리니　松楸杳香火
남쪽 보며 각자 눈물 흘리는구나　南望各霑巾

『잠곡유고』 권2 「한식일유감정석실 寒食日有感呈石室」

두 사람은 소현세자가 귀국할 때 함께 고국으로 돌아왔다. 이후 효종조에 함께 정승으로 있으면서 국정을 주도하던 중 대동법大同法의 시행 문제로 약간의 틈이 벌어졌다.

당시 잠곡은 대동법의 실시를 강력하게 주장하였다. 이에 대해 산당山黨의 주도 세력이었던 김집金集 등은 극력 반대하였는데, 이때 청음은 김집을 지지하였다. 이로 인해 두 사람 사이에 틈이 벌어졌던 것이다. 그렇지만 청음의 죽음을 맞은 잠곡은 청음과의 깊은 인연을 생각하면서 위와 같은 내용으로 제문을 짓고 석실로 가서 술을 한잔 따라 올렸다.

* 금촌金村 : 잠곡의 선산이 있는 남양주 평구의 다른 이름으로, 지금의 남양주시 삼패동이다.

우암 송시열이 지은 청음의 묘지명

태일*이 처음으로 갈라져서는 太一肇判
음과 양이 비로소 있게 되었네 厥有陰陽
제 아무리 양이라도 소멸되는 게 雖陽亦消
이치에 있어서 당연한 거네 此理之常
소멸되길 그치지 아니한다면 消而不已
인류도 다 사라질 거네 人類斯亡
그러므로 하늘이 성인을 내어 故天生德
그에게 보좌할 권한 주었네 畀輔相權
스러지는 것을 일으켜 세웠고 乃扶其衰
정도를 지키고 사도를 막았네 絶柔道牽
그리하여 양 기운이 되돌아와 洎乎來復
붉은 빛이 다시 환히 빛났네 朱光赫然
선생께서 살았던 그 시대에는 先生之世
온 누리가 살벌하고 무서웠다네 九野寒威

* 태일太一 : 하늘과 땅이 나뉘기 전의 음양이 혼재된 원기元氣로, 천지 만물의 생성 근원 또는 우주의 본체를 말한다.

저 깊은 연못 속에 떨어져서	粤維重淵
살아남은 사람이 드물었다네	存者幾希
그러나 이치는 끝나는 법 없어	理無可盡
이러한 석과*가 있게 되었네	有此碩果
이미 위에서 음이 다하여서	旣欲於上
아래에서 양이 되살아났네	其復在下
이에 오랑캐는 집을 잃었으며	彼剝其廬
우리는 수레를 얻게 되었네*	我斯得輿
때는 엎드려 있을 때인데	時方閉關
운수가 펴질 조짐이 보였네	有漸其舒
일양이 생하고 이양이 생하고	一之二之
삼양이 생하여 태괘*가 되었네	三則爲泰
만물은 아직 나지 아니했으나	物雖未生
우리는 스스로 커져만 갔네	我自爲大
그 조짐을 찬찬히 살펴보면	揆厥機緘
아득히 먼 데에 근본이 있네	本乎渺綿

* 석과碩果 : 과일 나무의 높은 가지 끝에 달려 사람들이 따 먹지 못하는 한 개의 큰 과일이다. 『주역』에 "큰 과일이 먹히지 않았다.碩果不食"라고 한 데서 나온 말로, 어려운 시절에도 흔들리지 않는 군자를 말하는데, 여기서는 청음을 뜻한다.

* 이에……되었네 : 『주역』에 "군자는 수레를 얻고, 소인은 집을 잃는다.君子得輿 小人剝廬"라고 한 데서 나온 말로, 올바른 이치로 돌아간 것을 말한다.

* 태괘泰卦 : 『주역』의 괘 이름으로, 삼음三陰이 위에 있고 삼양三陽이 아래에 있는 괘인데, 이는 천지가 화합하여 만물을 태평으로 인도하는 상象이다.

이로부터 점차 자라나니 由玆以長
실로 이를 기선*이라 하네 寔曰幾先
겨울에는 조화가 없다고 莫謂玄冬
함부로 말하지 마시게나 無有造化
아아 청음 선생이시여 嗚呼先生
훌륭하다 역의 이치여 大哉易也
어느 누가 이를 알아주려나 孰其知之
바로 도를 아는 사람이라네 其知道者

『송자대전』 권182 「석실김선생묘지명 石室金先生墓誌銘」

묘지명은 죽은 이의 훌륭한 덕과 공로를 후세에 영원히 전하는 글로, 죽은 이의 행적과 가문의 계보 등을 기록한 것을 '지誌'라 하고 죽은 이를 칭송하는 내용을 운문韻文으로 적은 것을 '명銘'이라고 한다. 묘지명은 보통 정방형의 두 돌에 나뉘어 새긴 뒤, 이를 포개어 무덤 속에 넣는다.

위의 글은 송시열이 지은 청음의 묘지명 가운데 지誌 부분은 제외하고 명銘 부분만 발췌한 것이다. 청음은 심양의 옥에 갇혀 있을 적에 스스로 묘지명을 지어 놓았다. 그러나 묘소 앞에 청음의 행적을 알리

* 기선幾先 : 어떤 일이 있기 전에 먼저 드러나는 조짐을 가리킨다.

는 비석을 하나도 세우지 않을 수는 없어서 청음의 자찬 묘지명을 빗돌에 새겨 비석으로 세우고, 송시열이 지은 묘지명을 무덤 속에 넣게 된 것으로 보인다.

송시열은 이 묘지명에서 청음의 덕과 공로를 『주역』의 이치를 가지고 말하였다. 『주역』의 이치는 정체되어 있는 것이 아니라 항상 변화하는 것이다. 음陰이 있으면 그 안에서 양陽이 생겨나고, 양이 있으면 그 안에서 다시 음이 생겨난다. 그러므로 태평 시대가 가면 다시 혼란한 시대가 오고 혼란한 시대가 가면 다시 태평한 시대가 온다. 그런데 혼란한 시대에서 태평한 시대로 변하기 위해서는 성인이 나와서 그 조짐을 싹 틔워 주어야 한다.

청음이 살던 때는 오랑캐에게 치욕을 당한 암울한 시대, 즉 음의 시대였다. 그러한 시대에 청음이라는 분이 있어서 태평한 시대로 변하게 할 양의 기운을 싹 틔우고 있었다. 우암은 청음이 싹 틔운 양의 기운이 점차 자라나 마침내 음의 기운을 제거하고 양의 기운이 충만한 세상으로 변하기를 바라면서 이 묘지명을 지었을 것이다.

북관행
北館行

어진 이가 나와서는 순수한 도 행하여서	有賢人兮行純粹
온 천하를 위하여서 큰 의리를 밝혔다네	爲天下兮明大義
남한산성 포위된 때 구원병이 오지 않자	南漢被圍兮援不至
모신*이 붓을 잡고 화친 의논 주도했네	謀臣操筆兮主和議
문정공*은 국서 찢고 피눈물을 뿌렸으며	文正裂書兮灑血淚
엿새 동안 굶다가는 죽으려고 목을 맸네	六日不食兮又自縊
학가산에 들어가니 안개와 놀 깊었는데	入鶴駕山兮煙霞秘
높은 관직 마다하길 짚신 벗듯 하였다네	遺外軒冕兮如脫屣
서쪽으로 요동 보며 분노 금치 못하였고	西望盖州兮不勝恚
원군을 파견 말라 목숨 걸고 간하였네	力諫助兵兮死不避
동관 안에 수금되니 무엇이 부끄러우랴	逮繫東館兮復何媿
북관으로 옮겨져서 온갖 곤액 다 겪었네	遷之北館兮困厄備
군자의 충성 신의 천지 감동시켰으니	君子忠信兮感天地

* 모신謀臣 : 계략에 능한 신하라는 뜻으로, 여기서는 병자호란 때 강화를 주장한 최명길 등을 가리킨다.
* 문정공文正公 : 청음의 시호이다.

오랑캐들 탄복하며 남관 있게 하였다네　　敵國敬服兮南館置
다음 해에 풀려나서 재상 자리 올랐으며　　明年釋還兮登台位
만년에는 한번 나가 어진 이를 천거했네　　晩節一就兮薦賢智
큰선비*가 조정 나가 우리 임금 모시면서　　鴻儒赴召兮朝夕侍
명성 크게 드날리게 한 건 누구 덕이런가　　義聲布揚兮其誰賜

『강한집』 권2 「북관행 北館行」

황경원黃景源이 지은 이 한 편의 시 속에는 청음이 병자호란 때 남한산성에서 국서를 찢은 일, 안동 풍산으로 낙향하였던 일, 파병에 반대하는 상소를 올렸던 일, 심양으로 끌려가 북관에 구금되었던 일, 귀국한 뒤에 정승에 제수된 일, 효종조에 김집을 조정에 머물러 있게 한 일 등 청음의 중요한 행적이 모두 담겨 있다.

황경원은 자가 대경大卿이고 호는 강한유로江漢遺老로, 조선 후기의 문신이자 예학자이다. 영조 때 대제학과 예조 판서 등을 지냈다. 서예에 뛰어났으며 예학에도 정통하였다. 항상 춘추대의春秋大義로 자임하여 명나라 의종 이래로 명나라에 대한 절의를 지킨 조선 사람들의 전기인 『명조배신전明朝陪臣傳』을 저술하기도 하였다.

* 큰선비 : 김집을 말한다. 청음이 시골로 돌아가려는 김집을 만류하여 조정에 남아서 효종을 보필하게 하였다.

효종 대왕의 묘정에 배향하면서 내린 교서

왕은 말한다. 진실한 마음과 올바른 예법을 모두 갖추어서 부묘祔廟하는 예를 이미 거행하였다. 이에 옛 규례를 상고하여 배향하는 의식을 치러 외제外除*의 남은 슬픔을 품은 채로 어진 이를 예우하였던 선대왕의 뜻을 본받고자 한다.

김상헌은 세 조정을 섬긴 원로이며, 한결같은 덕을 굳게 지킨 종신宗臣이다. 정직함과 충성스러움은 모든 신료의 모범이 되었고, 문장과 학업은 한 시대의 사람들이 우러러보았다. 그 기상은 거센 물결 속에 버티고 선 돌기둥이었고, 그 마음은 푸른 하늘에 뜬 밝은 태양이었다.

윤리와 기강이 무너져 끊어지는 즈음에 만고의 강상綱常을 부지하고, 바람과 서리가 위태롭고 급박한 날에 천길 절벽처럼 우뚝 섰다. 충신忠信과 독경篤敬이 오랑캐의 나라에서도 행해질 것을 알게 하였으며, 분연히 일어난 그의 풍채風采를

* 외제外除 : 부모를 위하여 상복을 입고 있는 사람이 비록 상기가 다 되어 상복을 벗었더라도 마음속으로는 그대로 슬픔을 간직하고 있는 것을 말한다.

조정 신하와 일반 백성들이 모두 흠모하였다.

지위가 삼공三公의 반열에 오르자 덕망과 업적이 더욱 빛났으며, 시골로 물러나 살면서도 충성심은 더욱 도타워졌다. 나라의 안위가 이미 그의 출처出處에 매여 있었으니, 은혜로운 예를 어찌 그의 사생死生에 따라 달리하겠는가. 하략

현종의 명으로 강백년姜栢年이 지은 이 교서는, 청음을 효종의 묘정廟庭에 배향하면서 제사를 지낼 때 지은 것이다. 『현종개수실록』 2년 7월 8일 기사와 강백년의 문집 『雪峯遺稿』에는 교서의 전문이 다 실려 있는데, 여기에서는 일부만 뽑아 수록하였다.

효종의 묘정에는 두 사람이 배향되었다. 한 사람은 예조 판서를 지낸 문경공文敬公 김집이고, 한 사람은 문정공 청음이다. 묘정 배향이란 임금이 죽은 뒤에 종묘 제사를 지낼 때 가장 큰 공을 세운 신하를 함께 제사 지내는 것이다.

청음은 효종 3년에 죽었으며, 실제로 벼슬에 나와 있었던 기간은 1년도 채 되지 않았다. 그런데도 청음이 효종의 묘정에 배향된 것은 효종이 볼모로 심양에 끌려갔을 때 청음이 심양에서 모신 적이 있어서이기도 하지만, 그보다는 청음의 숭명배청 정신이 효종이 추진하는 북벌 정책의 사상적 기반이 되었기 때문이다.

영조가 현절사顯節祠에 치제하면서 내린 제문

저기 있는 남한산성 바라다보니	睠彼南漢
사당 있어 우뚝하게 솟아 있구나	有廟斯屹
백대토록 우러르며 바라보나니	百歲瞻仰
우뚝하고 우뚝하며 높디높도다	巍巍卓卓
어찌 차마 지난 일을 말하겠는가	忍言曩時
명나라의 운세 아주 위태로웠네	皇運如髮
충성스런 울분 이에 북받쳤거니	忠憤所激
아름답게 우뚝하니 홀로 섰었네	猗歟特立
계속하여 항거하는 상소 올리매	前後抗章
그 의열은 삼엄하고 삼엄했다네	森嚴義烈
그 옛날 송나라의 충신 문산*을	昔宋文山
다시금 동국에서 보게 되었네	復見東國
만고토록 윤리 기강 빛내었거니	萬古綱常
충성스럽고 꿋꿋했던 혼백이었네	忠魂毅魄

* 문산文山 : 송나라 충신인 문천상의 호이다.

그 절개를 표창하여 사당 세우매　褒節建祠
한 집에서 제사 흠향하게 되었네　一宇腏食
다시금 또 군탄의 해 만났거니와　再逢涒灘
아아 나의 나이 팔순 바라보누나　吁嗟望八
어찌해야 이내 마음 쏟아내려나　何以瀉懷
충량 뽑는 과거 시험 베풀었도다　忠良科設
먼저 시종 신하에게 명을 내려서　先命近侍
혼령들을 위로하는 술잔 올리네　慰靈斟酌
혼령 어찌 아무것도 모르겠는가　靈豈其昧
감격하여 나의 정성 흠향하리라　感予歆格

현절사는 병자호란 때 끝까지 항복하지 않고 청나라 심양에 끌려가 순절한 삼학사三學士인 홍익한洪翼漢, 윤집, 오달제와 청나라에 항복하는 것을 끝까지 반대했던 청음과 정온鄭蘊의 우국충절憂國忠節을 기리기 위해 숙종 14년 1688 에 남한산성에 세운 사당이다. 영조 40년 1764 은 명나라가 망한 뒤 두 번째 맞는 갑신년이었다. 이에 영조는 특별히 과거 시험을 베풀어 현절사에 배향된 사람의 자손들로 하여금 과거 시험에 응시하게 하면서 이를 충량과忠良科라고 하였다. 그리고 승지를 현절사로 보내 제사를 지낸 다음 현절사의 모습을 그림으로 그려 오게 하였다. 위의 제문은 이때 영조가 내린 것이다.

정조正祖가 지은 청음에 대한 제문

생각건대 경은 나라의 원로로서	卿惟大老
산악의 정기 받아 태어났거니	正氣降嶽
그 문장은 한유요 증공*이었고	其文韓曾
그 학문은 염계요 낙양*이었네	其學濂洛
적치* 세우고 요령을 잡는 일을	立幟挈領
문단에서 집에서 두루 했으니	于壇于室
굳건하게 발 디디고 뜻 확고하여	脚牢志確
맹분이나 하육*도 못 빼앗았다네	賁育莫奪
가슴에는 춘추 의리 가득했으며	滿貯麟經
쇠나 돌처럼 굳센 간담을 지녀	鐵肝石腸

* 한유韓愈요 증공曾鞏 : 한유는 당나라 때의 이름난 문장가이고, 증공은 송나라 때의 이름난 문장가로, 두 사람 모두 당송팔대가唐宋八大家에 들었다.
* 염계濂溪요 낙양洛陽 : 염계는 송나라의 학자인 주돈이周敦頤가 살던 곳이고, 낙양은 정호程顥와 정이程頤 형제가 살던 곳이다.
* 적치赤幟 : 붉은 깃발로, 어떤 분야에서 일가를 이룬 영수領袖나 종장宗匠을 의미한다.
* 맹분孟賁이나 하육夏育 : 맹분은 진秦나라 무왕武王 때의 용사이고 하육은 주周나라 때의 용사로, 모두 천하장사로 일컬어졌다.

남한산성 포위되어 있던 그때에 月暈南城
단독으로 윤리 기강 부지하였네 隻手扶綱
청나라로 삼학사와 함께 끌려가 共我三士
요동 들판 아득한 곳 지나갔거니 遼野漫漫
눈구덩이 속에 있던 소무* 절의에 雪窖蘇節
연옥 갇힌 문천상의 절개였었네 燕獄文蘭
발은 비록 오랑캐 땅 밟고 있어도 足踏胡地
머리에는 한나라 해 이고 있다가 頭戴漢日
하늘 도와 겨우 살아 돌아왔거니 天遣生還
아무 탈이 없고 백발 성성하였네 無恙皓髮
깊고 깊은 태백산*에 숨어 살면서 深深太白
목석헌*서 사슴 노루 벗하였거니 木居麋友
명성 이에 온 천하에 알려졌으며 聲聞華夷
명망은 또 태산북두 기울이었네 望傾山斗
큰형 김상용과 동생인 청음 경이 伯兮叔兮
절의 같고 명성 또한 나란하니 節均名齊

* 소무蘇武 : 한漢나라 때 흉노에 사신으로 갔다가 붙잡혀 투항을 강요받았으나 이를 거절하여 바이칼 호 주변의 황야에 19년 동안 억류되었다. 추운 지역의 눈구덩이 속에서 모진 고생을 겪으면서도 절개를 지킨 사람이다.

* 태백산太白山 : 여기서는 안동의 학가산을 가리킨다.

* 목석헌木石軒 : 병자호란 뒤에 풍산으로 내려간 청음이 학가산에 거처할 적에 지었던 움막이다.

명나라의 의종 황제 향해 절하는 遙拜毅皇
오늘 나의 이 회포 어떠하리오 是日何懷
백이숙제 뜯어 먹던 서산 고사리 西山之薇
노중련* 이 빠지려던 동해의 물로 東海之水
제수 차려 경의 혼령 부르거니와 擧以酹卿
맑고 맑은 그 의표가 흡사하구나 清標是似

『홍재전서』 권20 「선정문정공김상헌치제문 先正文正公金尙憲致祭文」

정조 9년 1785 3월 19일에 정조는 우부승지 김노순 金魯淳 을 청음의 본가에 보내어 제사를 올리게 하였는데, 이때 정조가 직접 위와 같은 제문을 지어 보내어 청음의 정충대절 精忠大節 을 기렸다. 또한 정조는 우리나라의 인물들에 대해 논평하면서 특별히 청음의 절의를 다음과 같이 평하였다.

"청음 김상헌의 바른 도학과 높은 절의는 우리나라에서 존경할 뿐만 아니라 청나라 사람들도 공경하고 복종하였으니, 그에게 있어서 문장은 하찮은 일일 뿐이다. 내가 그를 말할 때에 '고상 故相'이라고 하지 않고 '선정 先正'이라고 하는 것은 이 때문이다.

* 노중련 魯仲連 : 전국 시대 제 齊나라 사람으로, 진 秦나라가 황제국이 되는 것을 반대하면서 "무도한 진나라가 천하를 차지한다면 나는 동해로 걸어 들어가 죽겠다."라고 맹세하였다

지난날 청음을 제사 지낼 때 내린 제문에서 내가 '그 문장은 한유요 증공이었고, 그 학문은 염계요 낙양이었네.'라고 한 것은 그의 도학과 문장을 가리켜 말한 것이다. 그리고 '백이숙제 뜯어 먹던 서산 고사리, 노중련이 빠지려던 동해의 물로, 제수 차려 경의 혼령 부르거니와, 맑고 맑은 그 의표가 흡사하구나.'라고 한 것은 그의 절의를 가리켜 말한 것이다."

고상故相은 죽은 정승이라는 뜻이다. 선정先正은 선대의 어진 이나 어진 신하를 가리키는 말로, 크게 높이는 말이다. 조선조의 인물들 가운데 선정의 칭호를 받은 사람은 얼마 되지 않는다. 정조는 청음의 도학道學과 문장文章을 칭송하였으며, 절의節義를 특별히 더 높이 기렸다.

1570년 선조 3, 1세

- 6월 3일 한양 남쪽에 있는 외가 정유길鄭惟吉의 집에서 태어났다.

1572년 선조 5, 3세

- 큰아버지 김대효金大孝의 후사後嗣가 되었다.

1584년 선조 17, 15세

- 여름에 관례冠禮를 올렸다.

1585년 선조 18, 16세

- 성주 이씨星州李氏에게 장가들었다.
- 월정月汀 윤근수尹根壽에게 수학하였다.

1589년 선조 22, 20세

- 아들 김종경金宗慶이 태어났다.

1590년 선조 23, 21세

- 가을에 진사시에 급제하였다.

1592년 선조 25, 23세

- 4월에 임진왜란이 일어나 강원도와 강화도, 서산瑞山 등지로 피난하였다.
- 아들 김종경이 요절하였다.

1594년 선조 27, 25세

- 생부 김극효金克孝의 임소인 자산으로 갔다.

1596년 선조 29, 27세

- 겨울에 정시庭試에 급제하였다.
- 권지 승문원 부정자權知承文院副正字에 제수되었다

1601년 선조 34, 32세

- 가을에 안무 어사安撫御史가 되어 제주濟州에 갔다.

1602년 선조 35, 33세

- 봄에 제주에서 돌아와 복명復命하였다.
- 예조 정랑에 제수되었다가 고산도 찰방高山道察訪이 되었다.

1605년 선조 38, 36세

- 경성도호부 판관鏡城都護府判官에 제수되었다.

1607년 선조 40, 38세

- 개성부 경력에 제수되었다.
- 둘째 형 김상관金尙寬의 아들 김광찬金光燦을 후사로 들였다.

1608년 선조 41, 39세

- 선조가 승하하고 광해군이 즉위하였다.
- 성균관 직강成均館直講에 제수되었다.
- 겨울에 문과 중시文科重試에 급제하였다.
- 사가독서하였다.

1609년 광해군 1, 40세

- 1월에 의정부 사인에 제수되었다.
- 원접사遠接使의 종사관從事官이 되어 의주로 갔다.

1611년 광해군 3, 42세

- 3월에 승정원 동부승지에 제수되었다.

- 정인홍의 죄를 논핵하였다가 임금의 뜻을 거슬러 면직되었다.

- 6월에 광주 목사廣州牧使가 되었다.

1612년 광해군 4, 43세

- 겨울에 연안 도호부사延安都護府使가 되었다.

1613년 광해군 5, 44세

- 여름에 김제남과 사돈이라는 이유로 파직되었다.

- 양주의 석실로 들어갔다.

1615년 광해군 7, 46세

- 「사황태자전문謝皇太子箋文」을 지어 올렸다가 삭관削官되었다.

1616년 광해군 8, 47세

- 월정 윤근수를 곡하였다.

1618년 광해군 10, 49세

- 2월에 생부 김극효의 상을 당하였다.

- 『독례수초讀禮隨鈔』를 지었다.

- 양어머니를 모시고 안동安東의 풍산으로 갔다.

1621년 광해군 13, 52세

- 봄에 석실로 돌아왔다.

- 5월에 둘째 형 김상관의 상을 당하였다.

- 11월에 생모 정 부인鄭夫人의 상을 당하였다.

1622년 광해군 14, 53세

- 2월에 양어머니 이 부인李夫人이 졸하였다.

1623년 인조 1, 54세

- 3월에 인조반정仁祖反正이 일어났다.

- 겨울에 김류에게 편지를 보내어 시사에 대해 논하였다.

1624년 인조 2, 55세

- 4월에 삼년상을 마치고 곧바로 이조 참의에 제수되었다.
- 8월에 사간원 대사간에 제수되었다.

1625년 인조 3, 56세

- 1월에 대사간에 제수되었다.

1626년 인조 4, 57세

- 5월에 성절 겸 사은진주사聖節兼謝恩陳奏使에 차임되었다.
- 6월에 조정을 하직하였다.
- 10월에 북경北京에 도달하여 모문룡이 조선을 무함한 사실을 알리는 정문呈文을 올렸다.

1627년 인조 5, 58세

- 3월에 북경에서 정묘호란 발발 소식을 듣고 명나라 조정에 구원병을 보내 주기를 요청하였다.
- 5월에 명나라 황제의 조서詔書를 받들고 귀국하였다.
- 『조천록朝天錄』을 저술했다.
- 병조 참판에 제수되었다.
- 11월에 대사간에 제수되었다.

1628년 인조 6, 59세

- 1월에 유효립柳孝立의 역모 사건이 일어나 국문에 참여하였다.

1629년 인조 7, 60세

- 10월에 대사헌에 제수되었다. 목성선을 논핵하였다가 체차되었다.

1630년 인조 8, 61세

- 1월에 정승 후보에 올랐으나 제수되지 않았다.

1631년 인조 9, 62세

- 3월에 영흥부永興府 준원전濬源殿에 가서 태조 대왕의 영정을 봉심하였다.
- 겨울에 대사헌에 제수되었다.

1632년 인조 10, 63세

- 2월에 차자를 올려 인조의 친부인 정원군定遠君을 왕으로 추숭追崇하고 종묘에 모시는 것이 올바른 예가 아님을 논하여 체차되었다.
- 5월에 다시 대사헌에 제수되었다. 이조 판서 이귀를 논핵하였다가 체차되고 석실로 들어갔다.

1633년 인조 11, 64세

- 여름에 함경도 관찰사에 제수되었으나 부임하지 않았다.
- 12월에 대사헌에 제수되었으나 사임하고서 석실로 들어갔다.

1634년 인조 12, 65세

- 여름에 대사헌에 제수되었으나 취임하지 않았다.
- 영의정 윤방이 차자를 올려 선생이 자신의 직임을 대신하게 할 것을 청하였다.

1635년 인조 13, 66세

- 3월에 대사헌에 제수되었으나 취임하지 않았다.
- 청평산淸平山을 유람하였다. 『청평록淸平錄』을 지었다
- 8월에 대사헌에 제수되어 서울로 들어가 사은하였으나 병으로 체차되었다.
- 11월에 다시 대사헌에 제수되었다.

1636년 인조 14, 67세

- 봄에 공조 판서에 제수되고 홍문관 대제학과 예문관 대제학을 겸

임하였다.

- 여름에 대사헌을 거쳐서 이조 판서에 제수되었다.
- 청렴하고 몸가짐이 신중하다는 이유로 특별히 숭정대부 崇政大夫에 가자되었다.
- 8월에 유백증의 일을 논핵하였다가 체직되고서 석실로 돌아갔다.
- 12월에 청나라가 쳐들어왔다.
- 12월 14일에 인조가 남한산성 南漢山城으로 들어가자 곧바로 뒤따라 들어갔다.
- 명을 받들어 성황묘 城隍廟와 백제시조묘 百濟始祖廟에 기도하였다.

1637년 인조 15, 68세

- 1월 16일에 묘당에 나아가 통곡하면서 항복한다는 내용의 국서를 찢었다.
- 엿새 동안 굶다가 자살을 시도하였으나 실패하였다.
- 1월 그믐날에 인조가 성을 나가 항복하였다. 선생은 멀리서 절한 다음 통곡하였으며, 그대로 성안에 머물러 있었다.
- 2월 1일에 큰형님 김상용이 강화도에서 순절 殉節하였다는 소식을 들었다.
- 2월 7일에 안동의 풍산으로 갔다가 다시 학가산으로 들어갔다.
- 4월에 상소를 올려 공신에 녹훈 錄勳되는 것을 사양하였다.
- 가을에 우의정 최명길이 선생의 이름을 정승 후보 명단에서 삭제하였다.

1638년 인조 16, 69세

- 「풍악문답 豐岳問答」을 지었다.
- 11월 3일에 삭탈관작 削奪官爵 되었다.

1639년 인조 17, 70세

- 10월에 직첩職牒을 돌려받았다.
- 상소를 올려 청나라가 명나라를 치는 것을 돕는 군병을 파견하지 말 것을 청하였다.

1640년 인조 18, 71세

- 11월에 청나라의 파병 요구에 반대하는 상소를 올렸다는 이유로 청나라의 압송 요구를 받았다.
- 12월 18일에 의주에 도착하였다.
- 12월 26일에 심양에 도착하였다.

1641년 인조 19, 72세

- 심양의 북관에 구류되었다.
- 11월에 부인 이씨李氏가 안동에 있다가 졸하였다.
- 12월에 병이 심해지자 청나라 사람들이 선생을 의주로 나가 있게 하였다.
- 『설교집雪窖集』을 지었다.

1642년 인조 20, 73세

- 1월 2일에 의주에 도착하여 이 부인李夫人의 부음을 듣고는 곡하였다.
- 상소를 올려 실정을 진달하였다.

1643년 인조 21, 74세

- 1월에 또다시 심양으로 끌려갔다.
- 동관에 있다가 북관으로 옮겨져 최명길과 함께 갇혀 있었다.
- 4월에 소현세자昭顯世子가 머물고 있는 질관質館에 나가 있었다.
- 『설교후집雪窖後集』을 지었다.

1644년 인조 22, 75세

- 4월에 명나라가 망하였다.
- 『설교별집 雪窖別集』을 지었다.

1645년 인조 23, 76세

- 2월에 심양에서 풀려나 돌아왔다.
- 3월에 석실로 갔다.
- 4월에 소현세자가 졸하여 빈궁殯宮에 나아갔다가 곧바로 돌아갔다.

1646년 인조 24, 77세

- 3월에 의정부 좌의정에 제수되었다. 상소를 32차례 올려 체차되고는 석실로 돌아갔다.
- 송시열이 방문하여 열흘 동안 머물러 있었다.
- 영돈녕부사에 제수되었다.

1647년 인조 25, 78세

- 6월에 상소를 올려 영돈녕부사를 사임하였다.

1648년 인조 26, 79세

- 10월에 병이 나자 임금이 내의內醫에게 명하여 병세를 살펴보게 하였다.

1649년 인조 27, 80세

- 5월에 인조 대왕이 서거하고 효종 대왕孝宗大王이 즉위하였다. 석실에서 대궐로 들어와 빈궁에 나아갔다가 곧바로 돌아갔다.
- 6월에 효종의 돈유敦諭를 받고 성안으로 들어가 사은숙배하니 효종이 견여肩輿를 타고 대궐 안을 출입하라고 명하였다.
- 7월에 명을 받들어 「인조대왕행장仁祖大王行狀」을 윤색해 올렸다.

- 8월에 좌의정에 제수되었다. 상소를 올려 극력 사임하였다.
- 상소를 올려 녹봉을 사양하였으나 허락받지 못하였다.
- 11월에 차자를 올려 김집을 조정에 머물러 있게 하라고 청하였다.

1650년 효종 1, 81세
- 1월에 상소를 올려 임금을 권계勸戒하는 뜻을 진달하였다.

1651년 효종 2, 82세
- 5월에 성안으로 들어가서 인조 대왕의 대상大祥에 나아갔다.

1652년 효종 3, 83세
- 6월에 병세가 위독해졌다. 효종이 어의御醫를 보내어 진찰하게 하였다.
- 6월 25일에 정침正寢에서 졸하였다.
- 자손들이 청음의 유소遺疏를 올렸다.
- 8월 18일에 석실의 선영에 예장禮葬하였다.

1653년 효종 4
- 의정부 영의정에 추증되고 문정文正이라는 시호를 받았다.

1656년 효종 7
- 양주楊州의 석실서원石室書院이 완공되었다.

1658년 효종 9
- 평안북도 정주定州의 봉명서원鳳鳴書院에 향사되었다.

1661년 현종 2
- 7월에 효종 대왕의 묘정廟庭에 배향되었다.

1668년 현종 9
- 제주濟州의 귤림서원橘林書院에 향사되었다.

1670년 현종 11

- 함경남도 정평定平의 망덕서원望德書院에 향사되었다.

1685년 숙종 11

- 함경북도 종성種城의 종산서원鍾山書院에 향사되었다.

1700년 숙종 26

- 남한산성의 현절사顯節祠에 향사되었다.

1708년 숙종 34

- 상주의 서산서원西山書院에 향사되었다.

1764년 영조 40

- 1월에 승지를 보내어 현절사에 치제하였다.

지은이 _ 김상헌 金尙憲, 1570~1652

조선 중기의 정치가이다. 본관은 안동, 자는 숙도叔度, 호는 청음淸陰·석실산인石室山人·서간노인西磵老人이며, 시호는 문정文正이다. 척화파의 영수로서 병자호란 때 항복을 반대하고 항전을 주장하였다. 전쟁이 끝난 뒤 청나라가 명나라를 공격하기 위해 출병을 요구하자 반대하는 소를 올렸다가 중국 심양으로 압송되었다. 옥에 갇혀 지내는 동안 갖은 위협을 받으면서도 절개를 굽히지 않다가 6년 뒤에 풀려나 귀국하였다. 명나라를 숭상하고 청나라를 배척하는 숭명배청崇明排淸의 상징적 인물로서 조선 후기 북벌론에 지대한 영향을 미쳤다.

옮긴이 _ 정선용 鄭善溶

충남대학교 사학과를 졸업하고 성균관대학교 대학원에서 문학 석사 학위를 받았으며, 민족문화추진회 부설 국역연수원을 졸업하였다. 한국고전번역원 수석연구위원으로 재직 중이다. 조선왕조실록, 『승정원일기』, 『해동역사』, 『백제사자료집』, 『대암집』, 『잠곡유고』, 『학봉전집』, 『지산집』, 『사계전서』, 『우복집』, 『청음집』, 『삼탄집』, 『동명집』 외 다수의 번역서가 있다.

감수 _ 조경구 趙慶九

대학에서 국어국문학을, 대학원에서 기록관리학을 전공하였다. 현재 한국고전번역원 선임연구원으로 재직하고 있으며 한문으로 된 고전을 일반인들에게 널리 알리는 일에 힘쓰고 있다. 지은 책으로는 『한문에게 말 걸기』, 『선비들과 보내는 하루』, 『생각, 세 번』, 『1등 했는데 왜 훌륭한 사람이 아니에요?』, 『아하! 자연에서 찾은 비밀』 등이 있다.

청음집

김상헌 지음 | 정선용 옮김 | 조경구 감수

2016년 8월 31일 초판 1쇄 발행

발행 한국고전번역원 | 등록 2008. 3. 12. 제300-2008-22호
주소 03000 서울특별시 종로구 비봉길 1
전화 02-6263-0460 | 팩스 02-394-8803 | 홈페이지 www.itkc.or.kr

발행인 이명학
기획·편집 한국고전번역원 콘텐츠기획실
책임편집 하승현 | 편집 박지은 배민정 변구일 조춘래 최두헌
디자인 씨오디 | 인쇄 (주)케이에스 센세이션

값 12,000원
ISBN 978-89-284-0411-7 04080

* 이 책은 교육부로부터 인문학 진흥을 위한 저서출판지원을 받아 출간하였습니다.